**rowohlts monographien**
**begründet von Kurt Kusenberg**
**herausgegeben**
**von Wolfgang Müller und Uwe Naumann**

# Jean Paul

mit Selbstzeugnissen
und Bilddokumenten
dargestellt von
Hanns-Josef Ortheil

Rowohlt

Michael Callensee, dem spöttischen Freund, gewidmet

Dieser Band wurde eigens für «rowohlts monographien» geschrieben
Den Anhang besorgte der Autor
Herausgeber: Beate Kusenberg und Klaus Schröter
Assistenz: Erika Ahlers
Schlußredaktion: K. A. Eberle
Umschlaggestaltung: Werner Rebhuhn
Vorderseite: Jean Paul. Gemälde von Friedrich Meier
Rückseite: Ballon-Aufstieg Blanchards 27. Februar 1784
(Beide Vorlagen: Historia Photo, Hamburg)

Veröffentlicht im Rowohlt Taschenbuch Verlag GmbH,
Reinbek bei Hamburg, Juni 1984
Copyright © 1984 by Rowohlt Taschenbuch Verlag GmbH,
Reinbek bei Hamburg
Alle Rechte an dieser Ausgabe vorbehalten
Satz Times (Linotron 404)
Gesamtherstellung Clausen & Bosse, Leck
Printed in Germany
1290-ISBN 3 499 50329 8

4. Auflage. 16.–17. Tausend Juli 1996

# Inhalt

*Jean Paul im 60. Lebensjahr. Zeichnung von Vogel von Vogelstein*

# Der Biograph empfängt den Leser

Das Luftschiff steht bereit, vor dem Peterstor in Leipzig, neben der Kirche. Es ist auf den Namen *Siechkobel* getauft, und sein Luftschiffer heißt Giannozzo. Am ersten Pfingsttag sind der Biograph und Giannozzo angetreten, den Leser zu empfangen. Man steigt ein, das Luftschiff hebt sich, die Wachen am Tor schauen erschrocken, in der Kirche schweigt der Gesang. Schnell erreicht man eine bequeme Höhe, um alles zu entdecken und zu beobachten, Giannozzo deutet auf den gläsernen Fußboden und reicht sein englisches Kriegsperspektiv, und der Biograph wie der Leser blicken herab und erkennen *in 22 Gärten von mehreren Zwergstädten auf einmal das Knicksen, Zappeln, Hunds-, Pfauen-, Fuchsschwänzen, Lorgnieren, Raillieren und Raffinieren von unzähligen Zwergstädtern, alle (was eben der wahre Jammer ist) mit den Ansprüchen, Kleidern, Servicen, Möbeln der Großstädter. – Hier in der einen Tanzkolonne die Sedezstädterinnen mit bleihaltigen Gliedern und Ideen, aber doch in gebildete Shawls eingewindelt und in der griechischen Löwenhaut schwimmend, viele wie Hühner und Offiziere mit Federbüschen kränklich bewachsen, andere in ihren alten Tagen mit bunten Kleiderflügeln behangen als Denkzetteln der jungen, wie man sonst gebräunte Pfauen mit ungerupften Flügeln in der Bratenschüssel servierte. – In der entgegenstehenden Kolonne die Elegants und Roués, wie sie keine Residenzstadt aufweiset, die Narzissen-Jüngerschaft des Handels, des Militärs und der Justiz, deren modische Kruste in schneller Hitze ausbuk voll schwerer roher Krume, sprechend von Ton und schöner Welt, sehr badinierend über die alte langschößige in der Stadt; nicht gerechnet eine Sammlung gepuderter zarter Junker-Gesichter, die aus Billards und Schlössern vorgucken, wie aus dem durchlöcherten Kaninchenberg weißköpfige Kaninchen.*[1] Ist das die berühmte Welt und Erde? –* fragt der Leser, aber Giannozzo antwortet nur: *Das Spuckkästchen drunten, das Pißbidorchen, das ist der Planet.* Nein, der Luftschiffer will nicht freundlich und liebenswürdig erscheinen, er sagt offen heraus, was er denkt, und er lästert laut über das lächerliche Treiben der Menschen unter uns in diesem 18. Jahrhundert. Giannozzo will frei sein, er hat keinen schöneren Traum als diesen, daher hat er sich das Luftschiff gebaut. Das

---

* Die hochgestellten Ziffern verweisen auf die Anmerkungen S. 138f

kümmerliche Leben in den zahllosen Kleinstaaten hat ihm die Luft genommen, und so muß er sie oben in der Höhe suchen, wo er Ideen, Träume und Gedanken leichter so an die kleiner werdende Erde anlegen kann, daß diese am Ende ganz den Ausdruck eines bloß geträumten Gebildes und Theaters annimmt. Was ihn ärgert? – fragt der Leser, und Giannozzo nennt *die Billionen, die sich den ganzen Monat die Huldigungsgerüste selber bauen – die Repetieruhren, die es immer wiederholen, wie weit sie vorgerückt – alle die Trommelsüchtigen in tausend Dörfern, Gerichtsstuben, Expeditionsstuben, Lehrsälen, Ratsstuben und Kulissen und Souffleurlöchern, welche lustig schwellen können, ohne daß man ihnen mit dem Trokar einen tapfern Stich geben kann*[2].

Der Leser sieht, Giannozzo klagt über die falsche Eitelkeit der Menschen, die sich in ihren winzigen Lagern groß dünken, sich in die Brust werfen, ohne doch einen weiteren Blick zu haben als den über das nächste Mauseloch. Sie stecken in sich wie in falschen Puppen, die bloß hangeln und rangeln, ohne daran zu denken, von wo und von wem sie geführt werden. Sie bilden sich vielerlei ein, und sie sind, von oben betrachtet, doch nur sehr wenig. Könnten sie nicht einmal über sich hinauswachsen und empfinden, daß sie selbst da nur eben herumtappen, hilflos wie immer, und daß der kleine Globus, auf dem sie sich abmühen und einander ihren hohen Wert beweisen, nur eine Art Bindestrich im Universum ist? In Deutschland aber fühlt sich Giannozzo besonders unwohl, er haßt dieses *blankgescheuerte Blei der polierten Alltäglichkeit*, er verflucht diese *allgemein-deutsch-bibliothekarischen Menschen*, diese *Kopiermaschinen der Kopien*, die seinem freien Geist mit aller Frechheit in den Weg treten. Aufrütteln möchte er sie, aufwecken, daß sie auf andere Gedanken kommen und die Unfreiheit abschütteln, die politische wie die geistige. Ja, Giannozzo ist vieles in einem: ein satirischer, skeptischer, aufsässiger Mensch, aber auch ein Träumer und Erfinder, dem man lange zuhören möchte, während unter uns die weite Erde dahinrennt, *worauf sich Berge und Holzungen und Klöster, Marktschiffe und Türme und künstliche Ruinen und wahre von Römern und Raubadel, Straßen, Jägerhäuser, Pulvertürme, Rathäuser, Gebeinhäuser wild und eng aneinanderducken, daß ein vernünftiger Mann oben denken mußte, das seien nur umhergerollte Baumaterialien, die man erst zu einem schönen Park auseinanderziehe.* Überall regt es sich unter uns, *hier in den brennend-farbigen Wiesen wird gemähet – dort werden die Feuerspritzen probiert – englische Reuter ziehen mit goldnen Fahnen und Schabaracken aus – Gräber in neun Dorfschaften werden gehauen – Weiber knien am Wege vor Kapellen – ein Wagen mit weimarschen Komödianten kommt – viele Kammerwagen von Bräuten mit besoffnen Brautführern – Paradeplätze mit Parolen und Musiken . . .*[3]

So geht es fort, rückt manchmal ganz nahe, daß das Heimweh nach unten sich rührt, zieht in die Ferne, daß es kaum zu erahnen ist – das Lebenstheater, das erst stiller steht, als der Biograph und der Leser das

Luftschiff verlassen haben und jetzt – allein, selber Figuren des Theaters – drunten stehen, während Giannozzo davonfliegt, weil er Begleiter nicht länger ertragen kann.

Aber Jean Paul hat *Des Luftschiffers Giannozzo Seebuch* überliefert und erhalten, und der Leser kann daraus erfahren, wie es dem Luftschiffer später ergeht. Der Biograph indessen wird eine andere Lebensgeschichte erzählen, die Jean Pauls nämlich, die jedoch nie auszuerzählen ist, weil ein einzelner Mensch nie wird fassen können, was der Autor Jean Paul gedacht und geschrieben hat. Aber Hinweise, knappe und verbindende, wird der Biograph im folgenden geben, nur darf der Leser nicht erwarten, daß er diese Hinweise auf mittlerer Flamme – zwischen Lob und Tadel – zurechtgekocht erhält. Der Biograph kann in diesem Falle nicht bloß kommentieren und ansonsten schweigen. Ab und zu wird er sich selbst in den biographischen Stoff mischen und vor Begeisterung leise aufzischen oder auch nur aufblicken oder aufseufzen, man wird sehen. Denn Jean Paul konnte ja selbst nicht schweigen, wenn er seine Gestalten in die Rennbahn einer Biographie spannte. Immer wollte auch er selbst darin vorkommen, als Urheber und Autor, als Gestalt, nicht allwissend und übermütig, sondern eher bescheiden und auf einem Fuß mit seinen Figuren. So kann auch der Biograph nicht den Fehler machen, seinen Stoff allzu weit von sich zu rücken, als wäre er ihm fremd. Wie er das Ich des großen Jean Paul nicht vergessen will, so will er auch das eigene in diese Biographie einbetten, worin er sich einig weiß mit dem Dargestellten: *Nichts wird überhaupt öfter vergessen als das, was vergisset, das Ich. Nicht bloß die mechanischen Arbeiten der Handwerker ziehen den Menschen ewig aus sich heraus: sondern auch die Anstrengungen des Forschens machen den Gelehrten und Philosophen eben so taub und blind gegen sein Er und dessen Stand unter den Wesen; ja noch tauber und blinder.*[4] Der Biograph will nicht «mechanisch» handeln, er will auch selbst sagen, wie ihm alles vorkommt. Denn während Namen und Daten nur zu dem gehören, was *einen wahrhaften Lebensbeschreiber ungemein belastet und aufhält, weil ein solcher Mann nichts hinschreiben darf, als was er mit Instrumenten und Briefgewölben befestigen kann*[5], so gehört das, was der Biograph hinzuzusetzen hat, zur unverzichtbaren Liebe, die ihn mit dem Geschilderten verbindet. Denn er weiß: *Nichts ist schwerer, als einen Gegenstand der Betrachtung, den wir allzeit außer uns rücken und vom innern Auge weit entfernen, um es darauf zu richten, zu einem Gegenstand der Empfindung zu machen.*[6]

So mag also gleich beim Empfang des Lesers und nach dem ersten Höhenflug deutlich sein, daß der Biograph eine passionierte Lebensbeschreibung vorlegen und sich, wie es auch Jean Paul tat, mit dem Leser in der Folge über manches Detail unterhalten will. Leider sind Zeit und Raum dafür knapp genug; um der Kürze entgegenzuarbeiten, hat der Biograph im Anhang der Anmerkungen zahlreiche weiterführende Wege abgezweigt. Der Leser mag sich umsehen. *Und so rüttel' ich diese dünnen Blätter in den fliehenden breiten Strom der allgemeinen Vergänglichkeit bey meinem Durchflattern dieses umwölkten Lebens, bis ich selber ihnen nachschwimme, hinter oder vor dem Leser und desgleichen dem guten Rezensenten.*[7]

# Kinderolympiaden

Wie gern nähme der Biograph jetzt den Leser und vielleicht auch den Rezensenten mit, um nach Bayreuth zu fahren, von dort aus aber noch weiter nach Osten, ins Fichtelgebirge, ja am besten gleich auf den Ochsenkopf. Dann könnte er einfach in die Gegend deuten und behaupten: Dort liegt Wunsiedel, wo Jean Paul geboren wurde, südlich davon das Felsenlabyrinth der Luisenburg, nicht weit Alexandersbad. Jean Paul hat dem Biographen eine solche Reise selbst vorgemacht, in der Vorrede zu seiner *Unsichtbaren Loge* läßt er sich in einer Kutsche, dann auch in einer Sänfte hinauffahren und herumtragen auf den Höhen, bevor er ins Staunen über die Naturschönheiten ausbricht, die er während des Fahrens und Tragens noch mit keinem Blick gewürdigt hat, um alles von der Höhe aus noch stärker genießen zu können: *Ach welche Lichter und Schatten, Höhen und Tiefen, Farben und Wolken werden draußen kämpfen und spielen und den Himmel mit der Erde verknüpfen – sobald ich hinaustrete (noch ein Augenblick steht zwischen mir und dem Elysium), so stehen alle Berge von der zerschmolzenen Goldstufe, der Sonne, überflossen da – Goldadern schwimmen auf den schwarzen Nacht-Schlacken, unter denen Städte und Täler übergossen liegen – Gebirge schauen mit ihren Gipfeln gen Himmel, legen ihre festen Meilen-Arme um die blühende Erde, und Ströme tropfen von ihnen, seitdem sie sich aufgerichtet aus dem uferlosen Meer ...* [8]

Doch bevor der Leser den Erzähler weiter begleiten darf, soll es zurück nach Wunsiedel gehen, wo Jean Paul 1763, im Jahr des Hubertusburger Friedens, zu Frühlingsbeginn am Morgen um 1½ Uhr zur Welt kam, wofür er später nur freundliche Worte fand: *Wie gern bin ich in dir geboren, Städtchen am langen hohen Gebirge, dessen Gipfel wie Adlerhäupter zu uns niedersehen!* [9] Diese Dorfliebe hat damit zu tun, daß Jean Paul sie sich als Bedingung der dichterischen Phantasie dachte. Er war froh, nicht in einer großen Stadt, wo man alles auf einmal kennenlernt und nichts deutlich genug, geboren zu sein, sondern dort, wo im günstigen Fall der eine noch etwas achtgibt auf den anderen und eine gewisse Lebenswärme entsteht, die dem Dichter später viele Erinnerungen beschert. *Und dann, wenn der Dichter aus seinem Dorfe wandert, bringt er jedem, der ihm begegnet, ein Stückchen Herz mit und er muß weit reisen, eh' er endlich damit auf den Straßen und Gassen das ganze Herz ausgegeben hat.* [10]

So war also die Dorfkenntnis gleichsam die Kenntnis einer Welt im Kleinen, wo alles ein wenig übersichtlicher ist und sich schärfer abhebt. Es hat lange gedauert, bis Jean Paul in die größere Welt hineinsah (Armut und Hunger hielten ihn zurück), denn es war alles ganz anders als heute, nicht so durchmischt, einander ähnlich und weltoffen. Wunsiedel gehörte zwar zum Fürstentum Bayreuth, das von einer fränkischen Linie der Hohenzollern regiert wurde, bevor es aus den Händen des letzten Nachkommen in die der preußischen Verwandten glitt (1791) und 1806 schließlich in die Napoleons kam, der es seinen bayerischen Verbündeten schenkte. Aber Jean Paul hat die Eremitage und die markgräfliche Stadt erst lange nach seiner Geburt gesehen. Anfangs war vielmehr alles sehr streng getrennt: die Landleute lebten im Dorf, wo der Vater ein Schulmeister und Organist war (genauer gesagt der Tertius, der dritte Lehrer, mit einem ganz geringen Einkommen); und erst später, als der Vater Pfarrer in Joditz geworden und die Familie dorthin umgezogen war (1765), durfte der Knabe einmal mit in ein kleines Versailles, nach Zedwitz nämlich, das die Residenz der Patronatherrschaft der Joditzer Pfarrer war: *Die Freiin von Bodenhausen empfing ihn, nachdem er lange vor den Ahnenbildern unten im Schlosse herumgegangen, oben auf der Treppe, gleichsam das Präsenzgemach, wo Paul, der sogleich hinaufschoß, nach der Hofordnung ihr Kleid erschnappte und diesem den Zeremoniellkuß aufdrückte.*[11]

In Wunsiedel ist Jean Paul getauft worden; sein wirklicher Familienname (unter dem man ihn jedoch selten in Lexika und anderen Nachschlagebrocken findet) war Richter, die Mutter war die Tochter des Tuchmachers Johann Paul Kuhn in Hof. Dieser Johann Paul war der eine Tauf-

*Das Geburtshaus in Wunsiedel*

*Das Pfarrhaus in Joditz*

pate, der andere aber war der Buchbinder Johann Friedrich Thieme, so daß aus diesen Vornamen dann der lange des Wiegenkindes wurde, nämlich Johann Paul Friedrich (Richter). Die *großväterliche Hälfte* (Johann Paul) hat er erst später, als er sich anschickte, ein Autor zu werden, ins Französische übertragen und ein Jean Paul daraus gemacht, was viel zu bedeuten hat, hier aber noch nicht verraten wird.

Die Vorfahren waren Schulmeister, der Vater – wie gesagt – Tertius, Organist, später aber Pfarrer, der Großvater Johann Richter Rektor in Neustadt am Kulm. *Sein Schulhaus war ein Gefängnis, zwar nicht bei Wasser und Brot, aber doch bei Bier und Brot; denn viel mehr als beide – und etwa frömmste Zufriedenheit dazu – warf ein Rektorat nicht ab, das obwohl vereinigt mit der Kantor- und Organistenstelle, doch dieser Löwengesellschaft von 3 Ämtern ungeachtet nicht mehr abwarf als 150 Gulden jährlich.*[12]

Beinahe ebenso ärmlich ging es im Pfarrhaus von Joditz zu, und es waren deshalb andere Freuden als die des Reichtums, die der Junge in seinen Joditzer *Knabenolympiaden* erlebte. *Reichtum lastet mehr das Talent als Armut und unter Goldbergen und Thronen liegt vielleicht mancher geistige Riese erdrückt begraben.*[13] Mit solchen Sätzen hat sich Jean Paul später über die Armut hinweggetröstet, aber sie muß hart gewesen sein, und er hat ihr in seinem Werk einige schneidende Figurenporträts gesetzt, die allen wohlhabenden Lesern Tränen des Mitleidens in die Augen hätten treiben müssen. Doch als er später, in der *Selberlebensbeschreibung,* aus der hier mit Vergnügen zitiert wird, sein Leben bedachte, wollte er von der Armut nicht viel Worte machen, sondern eher Freuden aus dem gedrückten Leben ziehen, weil ja – wie auch dem Biographen bekannt – eine ländliche Kindheit in der Erinnerung leicht zu einem *ganzen Idyllenjahrgang* wird. *Warum sind keine frohen Erinnerungen so schön als die aus der Kinderzeit?*[14] – Weil sie *das frische Erstlinggefühl für die neue und erste Welt, die sich dem Kinde auftut*[15], beleben und einen aus dem verklärenden Schwelgen gar nicht herauslassen. So emphatisch geschwärmt hat Jean Paul auch in der *Selberlebensbeschreibung*, und man begreift jetzt wohl eher, warum er es trotz der bitteren Armut tat.

Der idyllische Blick jedoch sucht das *Vollglück in der Beschränkung* und leuchtet in jeden Winkel. Da steigt im Winter der Vater wegen der

*Joditz*

Kälte aus der höheren Studierstube in die Wohnstube herab, und man darf ihm die Kaffeetasse zutragen, wenn er die Predigt einübt; draußen ist es still, aber drinnen ist Leben, *unter dem Ofen ein Taubenstall, an den Fenstern Zeisig- und Stieglitzenhäuser, auf dem Boden die unbändige Bullenbeißerin, unsere Bonne, der Nachtwächter des Pfarrhofs ... und daneben die Gesindestube mit zwei Mägden; und weiter gegen das andere Ende des Pfarrhauses der Stall mit allem möglichen Rind-, Schwein- und Federvieh und dessen Geschrei*[16]. Gibt es draußen etwas zu tun, zu reden, zu kaufen, so wird der Junge durch den Schnee ins Freie geschickt, und später – in der *langen Dämmerung ging der Vater auf und ab und die Kinder trabten unter seinem Schlafrock nach Vermögen an seinen Händen.* Jean Paul war das erste Kind der Familie, aber 1770 hatte er schon drei Brüder, Adam, Gottlieb und Heinrich; eigentlich hätten noch drei Schwestern dazugehört, aber jede von ihnen starb nicht lang nach der Geburt, so daß neben dem Erstgeborenen nur ein Triumvirat männlicher Kindsköpfe zurückblieb, das am Abend in *langen Schlepphemden herumhüpfen* durfte, bei grimmiger Kälte an der Ofenbank lauerte, bis die Botenfrau in die Gesindestube trat *mit ihrem Frucht- und Fleisch- und Warenkorbe aus der Stadt,* den die Großmutter geschickt hatte, damit die Armut etwas vergessen wurde.

Leicht könnte der Biograph in solchen winterlichen Seligkeitsstunden fortfahren, er kontrastiert das Vergnügen jedoch lieber mit der Furcht. Denn die *Geisterscheu* wurde der junge Johann Paul lange Zeit nicht los. Der Vater, der mit Erzählungen von Gespenstern und anderen Unwesen die christliche Glaubens- und Spannkraft der Kinder gegen das Böse anheizen wollte, konnte kaum ahnen, was er im Empfindungshaushalt des Kindes anrichtete, das in heftigen Sätzen durch die dunkle Kirche galoppierte, wenn es etwa die Bibel in die Sakristei zu bringen hatte, niemand aber zur Begleitung da war, sondern alles draußen auf dem Friedhof zu einer Beerdigung stand. Auch wälzte es sich am Abend beinahe zwei Stunden geisterscheu in seinem Bett, bis auch der Vater, mit dem es das Lager teilen mußte, hinzustieg und sich alles aufhellte trotz des Dunkels.

Leicht kann man sich vorstellen, wie die Phantasie eines solchen Gespensterfliehenden starke Nahrung erhält, wie sie selbst durch herzhafte Mutmacherei nicht stillzulegen ist und wie sie sich später noch in seinen Werken wiederfindet, wo die Helden ebenfalls vor manchen scheinbaren Ungereimtheiten in die Knie sinken, bis der nun erwachsene Autor sie mit aller Finesse erhellt.

Dem Jungen aber war es lieber, wenn die wirkliche Helligkeit einer anderen Jahreszeit, etwa die des Frühlings oder des Sommers, erst gar keine Furcht aufkommen ließ. *Da wird geackert – gesäet – gepflanzt – gemäht – Heu gemacht – Korn geschnitten – geerntet – und überall steht der Vater dabei und hilft mit.*[17] Nun darf man auch den Kaffee hinaus ins Freie, in den Pfarrgarten nämlich, tragen, man ißt des Abends, ohne ein Licht

*Anfang der «Selberlebensbeschreibung»*

anzünden zu müssen, und man sieht den Vater, der sich eine Pfeife ansteckt. In solchen hellen Zeiten gelingt auch das Lieben besser, und daher begann Johann Paul damit im Sommer, als er ein *blauaugiges Bauernmädchen seines Alters, von schlanker Gestalt, eirundem Gesicht mit einigen Blatternarben*, das Augusta oder Augustina genannt wurde, nicht mehr aus dem Herzen, während des Gottesdienstes aber auch nicht mehr aus dem Blick bekam. Man kommt bei solchem ersten Lieben aus Mangel an

Überlegenheit und Erfahrung aber gar nicht aus demselben heraus, so daß gegenüber der Angebeteten kein Wort abfällt, höchstens einmal ein Zeichen, das sie aber kaum versteht.

Am meisten jedoch tat sich an Sonntagen, wo die idyllische Freude unseres Helden gar nicht mehr zu halten war. Da durfte er schon am Morgen den Pfarrgarten aufschließen und ruhig durch die Kirche gleiten; später trug man *das gesetzmäßige Halbpfund Brot samt Geld* zu den Fronbauern. Größer jedoch war noch das Vergnügen, den Vater predigen zu sehen und ihm später beim Ausorgeln zuzuhören. Man unterschätzt wahrscheinlich, wieviel Johann Paul davon hatte und wieviel Jean Paul später daraus machte. Eine Interpretin behauptet, sehr viel, beinahe alles.[18] Denn auch in seinen Werken wird später ausreichend gepredigt, und auch solche Figuren, denen nicht die Qualitäten eines Pfarrers anhängen, schwingen sich – gerade in einsamen Momenten – zu großen Predigten auf, klagend gegen sich selbst, klagend gegen den Himmel oder auch klagend gegen das All, aus dem nichts mehr tönt, nicht einmal mehr eine Glocke. So bildet die väterliche Pfarrländerei gleichsam das Herzens- und Empfindungsfutter der Dichtung, die ja sowieso nichts anderes ist als eine weltliche Übersetzung des Predigens in freieres Reden und Schwärmen.

Wie aber wäre Jean Paul je dazu gekommen, wenn es so idyllisch weitergegangen wäre, von Jahreszeit zu Jahreszeit, spielend, erntend, liebend und zuhörend? Nichts wäre geschehen, und daraus erkennt der Leser, daß in diesem idyllischen Jahrgang (außer dem Herbste) noch etwas anderes vergessen wurde, das Wichtigste, das Lernen nämlich. Mit diesem fängt alles erst eigentlich an und macht aus Hungern und Geisterscheu, Phantasieren und Predigen ernst. *Vier Stunden vor- und drei nachmittags gab unser Vater uns Unterricht, welcher darin bestand, daß er uns bloß auswendig lernen ließ, Sprüche, Katechismus, lateinische Wörter und Langens Grammatik.*[19] Solches Lehren, das ja eigentlich gar keines war, verdarb nun dem Zögling nicht die Lust auf das Lernen, im Gegenteil. *Alles Lernen war mir Leben, und ich hätte mit Freuden, wie ein Prinz, von einem Halbdutzend Lehrern auf einmal mich unterweisen lassen, aber ich hatte kaum einen rechten.*[20]

Und hier wird es seltsam. Denn Johann Paul ließ diese Lust ein Leben lang nicht mehr los. Sie hatte ihn mit aller Macht ergriffen, jedes Buch war ihm *ein frisches grünes Quellenplätzchen,* wie überhaupt in der Langeweile des Dorfes, die ein noch so reicher Idyllenjahrgang nicht verbergen konnte, *Bücher sprechende Menschen, die reichsten ausländischen Gäste, Mäzene, durchreisende Fürsten und erste Amerikaner oder Neuweltlinge* wurden.[21]

Da es in Joditz kaum eine Welt gab (außer der kunstvoll zurechtphantasierten und idyllisierten), machte sich der Junge selber eine. Die aber mußte sprechen, Laute entwerfen, Figuren und Bilder, allerlei Buntes wie im Kinderlehrbuch (dem «orbis pictus») und sich so zu einem kleinen

Reich formen, das man in eine Schachtel einsperren konnte, in der eine kleine, selbstgefertigte *Etui-Bibliothek von lauter eignen Sedezwerkchen* aufs Vervollständigen wartete. Den Inhalt nahm Johann Paul aus Luthers Bibel, indem er die Fußnoten, die ihm gefielen, abschrieb, die Verse, auf die sie sich jedoch bezogen, ausließ. So begann er zu exzerpieren, und das Vergnügen am Abschreiben und Sammeln des Zerstreuten, dem Zusammensetzen und Verkuppeln des eigentlich Fremden miteinander hörte nicht mehr auf. Das ist nicht leicht zu erklären, erst recht nicht dem Leser, dem alles kindisch und unsinnig vorkommt. Dem Biographen kommt es anders vor, er versteht es und will es kurz sagen.

Kinder spielen gerne mit allem Kleinen; sie machen daraus etwas Eigenes, einen Park, in dem Menschen aus Zinn spazieren, einen Zoo, in dem Tiere herumkriechen, ein Spielhaus, in dem man die Sitten des Elternhauses nachspielen kann. So auch Johann Paul; er machte alles mit den Buchstaben, die lockender waren als das mangelnde Spielgerät. So richtete sich *die uferlose Tätigkeit unseres Helden* mehr *auf geistige als auf körperliche Spiele*, er erfand neue Buchstaben und zog überhaupt aus den wenigen Büchern, die für ihn herumlagen (denn die anderen hielt der Vater in der Bibliothek versperrt) geistiges und sinnliches Brot zugleich.

Man mag sagen: er wurde gewitzt, ein Gelehrter im Kleinen, jedenfalls schon ein Schriftsteller, der an den Buchstaben hing und sich an den aus anderen Werken herausgebrochenen Sätzen, die man in neuer Form zusammenzustellen, zusammenzuhalten oder auch nur zusammenzuleimen hatte, nicht sattsehen konnte.

Wer aber so klug sein will, dem wird die Einfalt bald genommen. *An einem Vormittag stand ich als ein sehr junges Kind unter der Haustüre und sah links nach der Holzlege, als auf einmal das innere Gesicht «ich bin ein Ich» wie ein Blitzstrahl vom Himmel vor mich fuhr und seitdem leuchtend stehen blieb: da hatte mein Ich zum ersten Male sich selber gesehen und auf ewig.*[22] Literarische Kenner haben an diesem Ereignis gezweifelt; sie haben gezeigt, daß der Rätselspruch des gespaltenen und sich zuschauenden Bewußtseins, «ich bin ein Ich», ein Satz des alten Satirikers Swift war und Jean Paul ihn auch später seinen Figuren gern in den Mund legte. So war daran zu denken, daß er ihn auch dem jungen Johann Paul angedichtet habe, doch der Biograph glaubt nicht daran. Natürlich dachte der Knabe nicht swiftisch, nicht «ich bin ein Ich», aber all die genauen Markierungen des Blitzes – unter der Haustüre, links nach der Holzlege sehend – beweisen ihm genug, daß man es mit Wahrheit und nicht mit Dichtung zu tun hat. Überhaupt kennt er aus eigenem Leben ähnliches: wie man plötzlich herausspringt aus der Unbekümmertheit und für einen Moment (ja schon als Kind) allein dasteht und das Lärmen ringsherum verebbt. Andere, manchmal gelangweilte, seltener altkluge Kinder haben schon in frühen Jahren nach dem Sinn von allem um sie herum gefragt, wozu der Biograph ihnen ein Recht gibt. Daher vertraut er der Geburtsschilderung

es Selbstbewußtseins, das aus einem Kind ja keinen für immer Einsamen
nd erst recht kein naseweises Monstrum macht, sondern nur einen Auf-
eschreckten. (Auch braucht man die Deutung davon nicht zu übertrei-
en.)

So fibelte sich Johann Paul mit den Brüdern durch die Lehrbücher,
udierte die griechische Sprache in einer lateinisch geschriebenen Gram-
atik, lernte aber sonst – trotz guten Willens – nichts, da der Vater nicht
ollte und vor Zeitarmut auch nicht konnte. *Die lerndurstigen Wurzeln
nsers Helden drängten und krümmten sich überall umher, um zu erfassen
nd zu saugen*[23], was alles aber noch lange so vergeblich geblieben wäre,
enn der Vater nicht im Jahre 1776 eine besser dotierte Pfarrstelle in
chwarzenbach an der Saale erhalten hätte, wohin die Familie dann um-
og und wo das eigentliche Lernen erst begann. Im Januar war es soweit,
nd der Biograph möchte mitumziehen, wenn er nicht wie auch Jean Paul
irchtete, man werde in Deutschland darüber reden, daß er *den Herbst
ur höchsten Joditzer Idylle aufgespart*. Der Biograph hat es aber nur ge-
n, weil er jetzt selbst im Herbst an diesem Buch sitzt und sich nur darauf
itzt, daß beide Herbste sich treffen mögen. Denn *dem Herbste wandte
ch unser Held noch mit einer besondern Kehrseite zu; und diese ist, daß er
on jeher eine eigne Vorneigung zum Häuslichen, zum Stilleben, zum gei-
igen Nestmachen hatte. Er ist ein häusliches Schaltier, das sich recht be-
aglich in die engsten Windungen des Gehäuses zurückschiebt und ver-
ebt.*[24] Der Leser verwechsle diese Geborgenheitssehnsucht nur nicht mit
rmlichem Spießertum, der Biograph, der häusliche Freuden nachzu-
mpfinden weiß, käme ihm sonst scharf entgegen. Denn diese Sehnsucht
ar nur eine unter vielen, die herbstliche eben, und sie wäre wahrhaftig
ine ärmliche, wäre es dabei geblieben. Aber Johann Paul strebte aus
iesem *Haus- und Winkelsinn* weit hinaus, obwohl er ihn nie aufgegeben
nd in vielen Gestalten (in Wutz und Fixlein und Fibel) fortgesetzt hat.
olche Gestalten ehren das Große, weil sie das Kleine gut kennen, und sie
trecken ihre Fühler noch gegen den Himmel, wenn die anderen sie längst
n ihre Stuben eingezogen haben.

# Lernkörper

Erst in Schwarzenbach fing Johann Pauls eigentliches Lernen an; hie
besuchte er die Lateinschule, und hier unterrichtete ihn der junge Kapla
Völkel, der bemerkt hatte, wieviel Talente in dem Wissensdurstige
schlummerten, in Philosophie und Geographie. *In der Philosophie las*
*oder eigentlich ich ihm vor die Weltweisheit von Gottsched, welche mic*
*bei aller Trockenheit und Leerheit doch wie frisches Wasser erquickte durc*
*die Neuheit.* Aber *unter allen Geschichten auf Bücherbrettern . . . goß kein*
*ein solches Freudenöl und Nektaröl durch alle Adern (m)eines Wesens – b*
*sogar zu körperlichem Verzücken – als der alte Robinson Crusoe*[25]. Defoe
Roman ist für Kinder mit Haus- und Winkelsinn das eigentliche Abente
erbrot; wie der Held sich auf seiner Insel bewährt, einrichtet und ausbre
tet ganz in der Enge – so auch das Kind beim lesenden Nachempfinde
Es sieht eine Welt entstehen, von den Anfängen bis zum Hüttenbau, un
es nimmt daran teil, als wäre es die erste Schöpfung.

Solche Nachschöpfstunden erlebte Johann Paul in Schwarzenbach
Nun nahm alles einen geschwinderen Gang. Denn hier hatte er den Pfa
rer von Rehau, Erhard Friedrich Vogel, kennengelernt, der eine umfang
reiche Bibliothek besaß, aus der Johann Paul ausleihen durfte, was e
lange mit Begeisterung tat. Schon 1778 begann er mit der Ordnung un
Planung seiner Lektüre. Nichts Wichtiges durfte unter den Tisch falle
denn er hielt ein Buch nur einmal in der Hand und späteres Nachschlage
kam nicht in Frage. So mußte er alles Bedeutsame notieren, wörtlich he
ausschreiben und mit kurzen Anmerkungen versehen, damit eine Func
grube und Schatzkammer entstehen konnte, die sich ein Leben lang ve
wenden ließ. 1779 darf er das Gymnasium in Hof besuchen und wird nac
einer Aufnahmeprüfung in die Prima eingestuft. In Hof hält er seine erst
Schulrede, *Über den Nutzen des frühen Studiums der Philosophie.* D
wußte er schon, worüber er sprach, denn er selbst hatte sich durch phile
sophische und theologische Bücher traktiert; er baut seine Rede nach de
Grundsätzen der Rhetorik und stellt die Philosophie als *die verehrungs*
*würdigste der Wissenschaften* vor, wobei *derienige, welcher die Phile*
*sophie schon früh, aber recht, treibt, in seinen andern Wissenschaften eine*
*größern Fortgang habe*[26].

*Schwarzenbach an der Saale*

Jünglinge wie Johann Paul nehmen das Forschen ernst. Sie geben keine Ruhe, bis Antworten auf die großen Fragen gefunden sind, und sie wagen sich am liebsten bis zu jenen kritischen vor, die gerade von den Gelehrten diskutiert und gestellt werden. Nach Abschluß der Schulzeit in Hof, die der junge Denker mit einer Rede *Über den Nutzen und Schaden der Erfindung neuer Wahrheiten* beendet, hält er sich bis zum Beginn seines Studiums über ein halbes Jahr bei der Mutter in Schwarzenbach auf. Der Vater war inzwischen ebenso gestorben wie der vermögende Großvater in Hof; nun saß die Mutter mit fünf Söhnen allein da, und aus der vorherigen spürbaren Armut wurde eine qualvolle. Das halbe Jahr der Mulus-Zeit läßt Johann Paul nicht ruhen; er beginnt mit den *Übungen im Denken*, kurz gehaltenen Abhandlungen, in denen er sich Klarheit über sein Wis-

*Das Hofer Gymnasium*

sen und über seine Lektüren verschaffen will: *Diese Versuche sind blos für mich. Sie sind nicht gemacht, um andere etwas Neues zu leren. Sie sollen mich blos üben, um's einmal zu können. Sie sind nicht Endzwek, sondern Mittel – nicht neue Warheiten selbst, sondern der Weg, sie zu erfinden.*[27] Johann Paul hat nicht nur eine eigene Privat-Orthographie, wie der gebildete Leser leicht erkennen mag, sondern auch eine Privat-Bescheidenheit, die – ganz anders als bei vielen stürmisch drängenden Jugendlichen sonst – nicht ans Öffentliche, unter die Leute und zu den Sternen will. Er stellt sich vielmehr die schwierigsten Fragen, will wissen, *wie unser Begrif von Got beschaffen,* ob *die Welt ein Perpetuum Mobile* ist und *wie sich der Mensch, das Tier, die Pflanz' und die noch geringern Wesen vervollkomnen.* Solche Themen bezieht er nicht nur aus dem eigenen Kopf, sie werden damals gerade öffentlich diskutiert, und so mancher Aufklärer hat etwas dazu zu sagen. Johann Paul liest Lessings, Mendelssohns, Eberhards und Jerusalems Schriften; der Biograph möchte sie nicht alle aufzählen und erläutern, denn der Leser, der manche Namen noch nie gehört hat, wird auch jetzt wenig davon haben und behalten. Solche Lektüren beweisen nichts als den Ernst, den Johann Paul mit sich, der Welt und seiner Bildung zum gelehrten Menschenwesen macht, und damit ist schon genug gesagt.[28] Merken sollte sich aber der Leser, daß diese Lektüre leichsam quer zum Zeitgeist stand, wie man noch heute aus den oft unbeannten Namen erschließen kann, an deren Spitze der eines Großen und Bekannten stand: Leibniz. Johann Paul bewunderte und studierte seine Philosophie nicht nur, es ging ihm wie mit allem, was er durch Gedankenkraft nahe zu sich herangezogen hatte. Er verehrte Leibniz, er liebte seine Schriften. Gab die Monadenlehre dem Universum nicht einen harmonischen, auf den göttlichen Schöpfer bezogenen Ausdruck? Und war nicht zumindest dieses Bild ein schönes, wenn auch nur gedachtes, in dem man auch sich selbst – die kleine, treppauf klimmende Menschennatur – auf dem Wege zu monadischer Vervollkommnung erkennen konnte? War das Wahrheit oder wo war Wahrheit? Angesichts so vielfältiger Lektüren konnte ein junger Leser wohl leicht resignieren: *Ich les' einen Zeno, Epikur, Moses, Spinoza, Paullus, Lamettrie, Leibniz, Baile, Luther, Voltaire und noch hunderte – und verirre mich in ein Labyrint on' Ausgang. Lauter Widersprüche – und Widersprüche zwischen grossen Geistern!*[29]

Doch so geht der junge Rationalist, der noch immer im Fichtelgebirge sitzt und nach Geistesluft schnappt, den schwierigeren Weg. Die Modeorheiten der Empfindsamen und Sentimentalen macht er gedanklich nicht mit. Dem Gefühl nach aber könnte er sie teilen, denn er will dann

*Blick auf Hof vor dem Brand von 1825*

*Der Gasthof «Zu den drei Rosen» in Leipzig*

doch nicht als der kalte und empfindungsarme Denker dastehen: *Mich ärgert's ... daß man über die Empfindungen und Gefül' andrer urteilen wil', on' ihren Wert, ihre Beschaffenheit noch selbst empfunden zu haben. Wer lästert am meisten den Göthe? nur der, der ihm nicht nachfülen kann – nur der Kalte.*[30]

Solche Sätzen stehen in Johann Pauls erstem kleinem Romanversuch, der jedoch wieder nur für ihn selbst, nicht für die Öffentlichkeit gedacht war. Ein Briefroman, *Abelard und Heloise*, entstand nach dem Vorbild des «Werther», die Themen waren durch dieses wie durch ein anderes Modebuch, Johann Martin Millers «Siegwart», vorgegeben: Freundschaft und unglückliche Liebe, Laubengeflüster und Nachtigallentöne, Natur- und Kirchhofspaziergänge, Trennungen und trauriges Ende. Schon wenige Monate später nimmt der sezierende Johann Paul das Werkchen noch einmal in die Hand und siegt mit scharfen Urteilen über den schwärmenden: *Feler. Dieses ganze Romängen ist one Plan gemacht, die Verwiklung felt gänzlich und ist altäglich und uninteressant. Die Karaktere sind nicht so wol übel geschildert, als gar nicht geschildert. Man sieht von Abelard und von der Heloise nichts als das Herz ... Überdies ist alles überspant.*[31] Der Biograph könnte es nicht besser sagen und folgt dem Selberkritiker nach Leipzig, wohin dieser mit seinem Freund Adam von Oerthel und dem Hofer Magister Kirsch reist, um im Gasthof «Zu den drei Rosen» ein Zimmer zu beziehen und um das Studium der Theologie zu beginnen. Im Mai 1781 wurde er immatrikuliert, der Magister Kirsch hatte ihm ein Testimonium paupertatis, ein Armutszeugnis, das den Studenten von allen Gebühren befreit, ausgestellt, denn «dieser Jüngling brennt dermaßen von Lernbegierde, daß wir dafür bürgen können, jeder, der Richters Kenntnisse prüfen will, werde sich mit Vergnügen davon überzeugen, daß derselbe nicht nur in Sprachen, sondern vornehmlich in der Philosophie für sein Alter sehr fortgeschritten ist»[32].

Doch der junge Studiosus will nicht nur studieren, sondern weiterkommen auf dem eingeschlagenen Denkweg. Er arbeitet seine *Übungen im Denken* um und faßt sein Weltgebäude in einer längeren Arbeit zusammen. *Etwas über den Menschen* nennt er das, es ist aber durchaus anspruchsvoll gemeint, denn der Mensch, *das rätselhafteste, das veränderlichste, das widersprechende Geschöpf*[33], gibt durch seine zwitterhafte Gestalt, die sich weder zu den Engeln noch zu den Teufeln neigt, all die Fragen auf. Johann Paul denkt zum erstenmal an eine Veröffentlichung und schickt die Arbeit an Heinrich Christian Boie, den Herausgeber des «Deutschen Museums». Es wird aber noch nichts aus dem Druck, und so arbeitet er weiter. Erneut nimmt er sich die Studien der Hofer und Schwarzenbacher Zeit vor, um sie umzugießen und in eine darstellende Form zu bringen. *Rhapsodien* heißen diese Etüden dann, aber er weiß wohl, daß niemand so etwas lesen wird, zu unbeholfen und altmodisch wirkt das alles.

# Satirische Anfänge

Wichtig ist, daß Johann Paul sich gleichsam nichts vormachen läßt, nicht von den Kommilitonen, deren stutzerhafte Eitelkeit ihm zuwider ist, nicht von den Professoren, deren Vorlesungen ihm wenig Neues bieten können. Allenfalls den Philosophen Ernst Platner (1743–1828) bewundert er ein wenig, aber bedächtig aus der Ferne, ohne ihn anzusprechen, ohne zu betteln, zu drängen oder zu schleichen. Statt dessen schließt Johann Paul sich ein und setzt seine literarische Lese- und Wühlarbeit, ein Auftürmen von Maulwurfshügeln auf einem beinahe gänzlich unfruchtbaren Acker, fort. Denn niemand will das drucken, was er hervorbringt, und er hätte Geld am nötigsten, die Armut der Familie wird von Tag zu Tag größer.

Er läßt sich nichts sagen – er will alles selbst wissen. Solchen autodidaktischen Büchernarren ist nicht zu helfen. Sie wissen es am besten: sie taugen nicht für ein öffentliches Amt, sie sind nicht einmal imstande, eine Wissenschaft ganz zu durchdringen. Andererseits wollen sie aber alles durchdringen, nur nicht in einseitiger Manier, nein, sie wollen gleichsam überall sein, im theologischen Fach, wo Johann Paul für die heterodoxe Lehre gegen die versteinerte der Orthodoxen streitet, im philosophischen, wo die Stiche gegen die theologische Lehre geführt werden können – am liebsten aber noch darüber, in einem Über-Fach gleichsam, einer Universalpoesie, einer totalen Enzyklopädie. Nur für diese war Jean Paul geschaffen, und es ist nicht seltsam, daß er es sich am ehesten selbst gestand, bevor er durch andere gezwungen wurde, es einzusehen. Diese Enzyklopädie aber war nur durch die freie Schriftstellerei zu erbauen, nicht durch einen Brotberuf, nicht durch höfisches Dienen. Schritt für Schritt bringt er den Lieben in der Heimat seine Absichten bei. Zunächst erklärt er es dem Pfarrer Vogel in Rehau: *Das studiren, was man nicht liebt, das heist, mit dem Ekkel, mit der Langweile und dem Überdrus kämpfen, um ein Gut zu erhalten, das man nicht begert.*[34]

Gut, diese Einsicht wird er nicht allein gehabt haben, aber die anderen, die sie teilen, machen deshalb trotzdem mit dem Ekel und der Langeweile weiter, bis sie sich zu Tode gelangweilt haben und an einem ungeliebten Beruf gestorben sind. Dagegen Johann Paul! Was ihn abstößt, ist eine mangelnde Passion: *Man mus ganz für eine Wissenschaft leben, ihr iede*

raft, iedes Vergnügen, ieden Augenblick aufopfern, und sich mit den an-
ern nur deswegen beschäftigen, insofern sie der unsrigen einen Fortgang
erschaffen. Mit den Menschen beschäftigt er sich sowieso nur wenig. Er
macht sich zwar lächerlich über sie, er nennt sie Gecken, Sklaven, Diener
aber im Totaldonner seines Abscheus gibt er zu erkennen, daß er sie
icht kennt. Er geht nicht aus, er lebt nicht fürs Vergnügen, lieber liest er
ich krank. Doch auch dieses Lesen rückt nicht voran – anders: es rückt
in nicht voran, er bleibt ein Lernender, und er will in all seinem Arbeiten
och eher ein Schaffender sein, ein selbergrabendes, selberurteilendes,
elbergebendes Wesen. Als er das ganz durchschaut hat, wirft er die Stu-
ienbücher mit einem Schlag fort: *Sonst las ich blos philosophische Schrif-
n; iezt noch lieber wizzige, beredte, bilderreiche.*[35]

Bilderreichtum – das ist wenigstens eine Art Reichtum, besser als die
inseitigkeit des Studierens, und sie läßt vielleicht auch die physische
rmut vergessen. So bläht Johann Paul sich auf. Kein Brot mehr, keine
inseitige Kost, statt dessen will er alles zugleich kosten, genießen, ver-
chlingen, verdauen, und damit es beginnen kann, liest er die Meister der
eredsamkeit, Voltaire, Rousseau, Helvétius, Pope, Young, Cicero, Se-
eca. Diese Schriften sollen ihm eine große Stimme geben, einen Orkan
inimpfen, damit er wie ein satirischer Redner wüten kann, die affenar-
ge Eitelkeit der Menschen geißeln, ihre Dummheit bloßstellen. Eine
chrift des Erasmus von Rotterdam, das «Lob der Torheit», gab ein
chnell nachzuahmendes Vorbild. Nun konnte Johann Paul sie alle vor
einen Richterstuhl zitieren, alle, die da draußen an ihm vorbeischlender-
en, Faxen machten und altkluge Sätze herausstotterten, die Priester, die
echtsgelehrten, die Ärzte, die Pedanten, die Philosophen, *kurz iede Re-
quie der alten Zeit, die die gegenwärtige tadelt, und ieden abgenuzten
opf, der in der Finsternis der aufgeklärten Welt, wie faules Holz in der
acht leuchten wil*[36].

So werden beinahe alle Stände vor die Waffen der Kritik und Satire
ezogen, nur die niedrigsten, Handwerker, Bauern, Tagelöhner, treten
icht auf. Die Dummheit ist eine Torheit der Überheblichen, die ihren
eichtum für eine Gabe Gottes halten. Johann Paul will sie zwingen, sich
u ihrer Lächerlichkeit zu bekennen, deshalb bewirft er sie mit den
leichnissen seiner Schmähungen, damit ihr buntes Kleid abfalle und
ichts dastehe als die erbärmliche Natur, allein mit sich selbst. Aber so
eit dringt er noch nicht vor, man könnte eher sagen, daß er an den bun-
en Kleidern herumzerrt und versucht, ihren Trägern Prozesse zu ma-
hen. Satirische Skizzen entstehen und das Ganze nennt Johann Paul
ann *Grönländische Prozesse*: *Ich nun habe mir den Titel meines Kindes
er Rarität wegen aus Grönland verschrieben. Man wird nämlich aus
ranz und andern wissen, daß die Partheien daselbst ihre Streitigkeiten in
etanzten und gesungenen Satiren abthun und sich mit einander, ohne das
prachrohr der Advokaten, schimpfen.*[37] So vermerkt er es im Nachwort

*Leipzig. Kupferstich von J. A. Roßmäßler*

zum ersten Bändchen, das im Dezember 1782 von dem Berliner Buch
händler Christian Friedrich Voß zum Druck angenommen wurde un
Ende Januar 1783 auch erschien, ein kleines Wunder, wenn man bedenkt
daß es ein Werk eines noch nicht einmal Zwanzigjährigen war und sic
doch so las, als hätte es ein Achtzigjähriger geschrieben.

Der Biograph gibt zu: er hat dieses Erstlingswerk Jean Pauls nie mi
irgendeiner Begeisterung gelesen, nein, er hat sich gequält, um durchzu
kommen, von Seite zu Seite, von Gleichnis zu Gleichnis. Gerade diese
Buch hat (wie übrigens auch noch das folgende) etwas Einarmiges, al
habe es wahrhaftig der Famulus eines berühmten Professors, gichtgeplag
unter Krämpfen leidend, geschrieben, der am Anfang vor das Publikur
tritt. Einfälle sind schon darin, und im günstigsten Falle kommen sie i
einem einzigen Satz vor – etwa: *Dem leiblichen Hunger der Schriftstelle
verdankt das Publikum seine geistliche Sättigung.* Doch damit hat es nich
sein Bewenden. Solche Sätze verdienen, für sich zu stehen, doch Johan
Paul trieb den Scherz so weit, sie nun auch in sophistischer Manier z
beweisen und durch alle Etagen gelehrter Anspielungen führen zu wo
len. Man lacht nicht mehr mit, man leidet, und selbst der Autor gibt an
Ende zu, daß die Schreibart des Bändchens *ungleich, unzusammenhän
gend, geziert* sei.

28

Auch das zweite Bändchen der *Grönländischen Prozesse* verlegte der geduldige Voß in Berlin noch. Johann Paul hatte seinen eigenen Trotz und Willen. Er wollte nicht aufgeben, bis die begonnene satirische Gattung gleichsam zu Tode antithesiert war. Stärkere Feinheiten kann man ihm in diesem zweiten Band nicht absprechen; er hatte Liscow gelesen und die Grundlagen der Satire studiert. Aber der Biograph hat sich auch mit diesen Skizzen gelangweilt, und er ist mit dem Pfarrer Vogel ganz einig darin, daß diese Satiren mit Gewinn nur von Kunstrichtern der Literatur gelesen werden; «Weil sie keinen Bezug auf die übrige Welt haben: so werden sie von dieser nicht goutirt werden»[38]. Recht hatte der Pfarrer Vogel: diese Satiren sind ein Brot für die Wissenschaft, die aus ihnen auch wahrhaftig ein Rücken ganzer philosophischer Systeme, ein heißes Debattieren gegen die Laster der Zeit, ja sogar eine Art Fundamentalkritik gesellschaftlicher Zustände herausgelesen hat. Aber man muß viel Zeit haben wie die Wissenschaftler, um so etwas finden zu können, und das gemeine Publikum will in der Lektüre mehr finden als einen verwinkelten Zitatenschatz von Anspielungen.[39]

Über dem Schreiben jedoch war Johann Paul ganz zur Sache gekommen. Er kannte von nun an nichts anderes mehr. Noch am 8. März 1782 hatte er in einem Brief angekündigt, Bücher schreiben zu wollen, um

*Erhard Friedrich Vogel.*
*Gemälde in der Fried-*
*hofskirche in Wunsiedel*

welche kaufen zu können; dem Biographen will aber nicht in den Kopf, daß Johann Paul nicht geahnt hat, daß mit solchen Satiren am Ende kein Geld zu machen sei, höchstens einmal 16 Louisdor (96 Reichstaler) für einen Band. Etwas anderes war bedeutsamer: die Veröffentlichung hatte ihm klargemacht, daß er von nun an ein Schriftsteller sei, einer, der es ablehnt, in den Heimatorten zu predigen, und einer, dem die Wissenschaft zu wenig geworden ist, um damit auszukommen. Anfang Mai 1783 hatte er es dem Pfarrer Vogel gestanden: *Ich bin kein Theolog mer; ich treibe keine einzige Wissenschaft ex professo, und alle nur insofern als sie mich ergözen oder in meine Schriftstellerei einschlagen; und selbst die Phi-*

30

*losophie ist mir gleichgültig, seitdem ich an allem zweifle. Aber mein Herz ist mir hier so vol! so vol! daß ich schweige.*[40]

Diese Schweigeklappen wird er sich noch einige Jahre anlegen. Er will mit den Empfindungen noch nicht so recht heraus, es könnte zuviel Schwulst entstehen, und er weiß, daß ein junger Autor nicht eben kritisch ist in Herzensdingen. Daher exerziert er mit sich, traktiert die satirischen Künste, wälzt die einfachen Entdeckungen in Gleichnissen und träumt noch nachts antithetisch.

Bis zum Herbst 1784 hielt er es in Leipzig aus, abgesehen von den kurzen Aufenthalten in Hof bei der Familie war es eine Zeit schriftstellerischer Einsiedelei. Schließlich muß er vor den Gläubigern ausreißen, er kann die Schulden nicht mehr bezahlen, so kehrt er, verspottet von den Hofern, zurück, ohne Studienabschluß, ein ewiger Kandidat, der sich aber übers Studieren schon erhoben hat, ohne daß die Alteingesessenen etwas ahnten.

# Todes- und Freiheitsgedanken

Die kommenden Jahre machen dem Biographen zu schaffen. Gern würde er seinen Helden schon jetzt ins Elysium großer schriftstellerischer Geburten und Erfolge führen, aber er muß warten. Johann Paul stellt sich verstockt, er arbeitet und schreibt unermüdlich, aber er will das satirische Genre nicht aufgeben, obwohl er darin so geringen Erfolg hatte. So entsteht in diesen Jahren ein ganzer Rattenschwanz von satirischen Abhandlungen, mehrfachen Umarbeitungen, erneuten Ergänzungen, Scherzen und ernsthaften Noten, ein verästeltes Riesengestrüpp, das der Biograph nur mit äußerstem Widerwillen entflechtet, um dem Leser keine Langeweile anzutun. Denn was hätte der auch davon? Also: anders gefragt – blieb Johann Paul in all diesen Werken derselbe? Tat sich denn gar nichts?

An der Oberfläche tat sich wenig. Er schrieb Satiren und zog die ungezählten Gleichnisse aus den Tausenden von Notizen, die er sich inzwischen zurechtgelegt und durch ein Register verfügbar gemacht hatte. Darin kopierte er die Technik jeder gelehrten Abhandlung, indem auch er sich von Einfall zu Einfall forthangelte, während es in den Gleichnissen und Fußnoten bedeutend raschelte von Beweisen, Antithesen und Widersprüchen. Aber durch die Lektüre Sternes hatte er doch einen neuen Ton kennengelernt, der die Bitterkeit der swiftschen Ironie allmählich ablöste. Johann Paul gab seinen kurzen Satiren ein Gerüst, er lugte gleichsam vorsichtig über sie hinaus und suchte nach einem Zusammenhang. So gliederte er seine *Scherze* in *Zusammenkünfte mit dem Leser*, und der Biograph dankt es ihm, ist doch so der erste Schritt in der Richtung zum Erzählerischen vollzogen. Der Leser wird von Johann Paul empfangen, er darf Platz nehmen und den Rezensenten läßt man lieber vor der Tür: *Ich weis vor Vergnügen gar nicht, was ich sagen oder schreiben sol. In der That das war brav vom Leser, daß er den widerlichen Rezensenten nicht mitgebracht, der stets alle unsere Freuden meisterte.*[42]

Man könnte sich nun schöne Stunden ausmalen – zusammen mit dem Erzähler, der einem viel zu berichten hätte. Es kommt aber leider ganz anders: *Ich hatte lange für den Leser einen hübschen Schaz von einfältigen und aberwizigen Gedanken zurück gelegt, den ich ihm nach meinem Ableben wolte einhändigen lassen: der sol aber iezt schon hervorgesucht werden und was ich sonst noch schlechtes im Vermögen habe, das der Rezensent*

*Christian Otto.*
*Miniatur*

*nicht wissen darf – denn sogar die schlechtesten Gedanken must' ich vor*
*ihm zu verstekken suchen – das wil ich iezt auftischen, damit ich und der*
*Leser uns daran laben.*[43]

Es wird aber nichts aus der Labsal, denn Johann Paul fährt nun mit den
satirischen Späßen fort, schreibt seine *Lobrede auf den Magen,* und da
wünscht sich der Biograph den Rezensenten wieder herein, der den Späßen ein Ende machen könnte. Immerhin aber hatte sich der junge Autor
an den Rat Christian Felix Weißes gehalten, sich kürzer zu fassen und
nicht durch Länge lästig zu fallen. Er tastet sich vorsichtig ins erzähleri-
sche Mitteilen vor. So führt er sich nun schon als Autor, als selbständige
Figur, ein, der er auch einen Namen gibt: *J. P. F. Hasus.* Hasus – das ist
der sprunghafte, der witzige, der gelehrte Autor, der Regisseur der
Späße, ein erster Seitenblick des Schriftstellers auf sich selbst.

Aber die Verleger lehnen den Druck einer neuen Satirensammlung mit
guten Gründen ab. So sitzt Johann Paul bei der Mutter und den Brüdern
in Hof, eingepfercht in eine enge Kammer, kommt nicht hinaus und will
doch schreiben, während es um ihn herum im Geschiebe des Alltags vor-
wärtsgeht. Wenigstens die Freunde vermißt er hier nicht mehr so wie noch
in Leipzig. Der Pfarrer Vogel, der Pfarrer Völkel, Christian Otto und der
schließlich auch aus Leipzig eintreffende Oerthel beugen sich zuweilen
über seine Arbeiten und finden ermutigende Worte, bis es dem Pfarrer
Vogel im März 1787 beinahe einmal zuviel wird: «Aber nun kommen Sie
nur nicht mit Satiren in 4. angezogen – Sie wissen ihr Schicksal. Schreiben

Sie lieber eine juristische Deduktion und einen philosophisch=pädagogischen Roman.»[44] Durch solche Sätze macht sich der Pfarrer Vogel immer mehr zum Freund des Biographen, der auch zu Romanen forteilen will. Er muß jedoch die Zügel ziehen und zusammen mit dem Leser noch ein wenig vorwärtstrippeln.

Im Oktober 1786 stirbt der beste Freund, Adam von Oerthel. Johann Paul wird wenige Monate später als Hofmeister auf dem Gut Töpen eingestellt, wo er den jüngeren Bruder des Verstorbenen zu unterrichten hat. So ist er der Armut und dem engen Familiendasein wenigstens einen kleinen Schritt entsprungen. Er kann ungestörter lesen und arbeiten. Die philosophischen Neuerscheinungen seiner Zeit verschlingt er noch immer, am ehesten den hochgeschätzten Kant, dessen Texte ihn in außerordentlichem Maß beunruhigt haben müssen: *Kant ist kein Licht der Welt, sondern ein ganzes stralendes Sonnensystem auf einmal.* Aber er studiert dieses aufhellende Sonnensystem immer im Blick auf sich selbst, auf seine Lebenslehre, auf den Rang, den es dem Menschen zuweist. Beinahe könnte man sagen, daß Johann Paul die Werke Kants nicht mit dem Gedanken, ob sie wahr oder falsch seien, sondern mit dem, ob sie beängstigend oder es nicht seien, gelesen habe. An den Schriften zur «praktischen Vernunft» fand er nichts auszusetzen, sie setzten die stoische Haltung auf höherem Niveau fort, die er schon aus Senecas und Epiktets Werken kannte und die es ihm leichter gemacht hatte, all das Elend um ihn herum zu ertragen. *Die Verbesserung und Fortführung dieser stoischen Antwort trieb seit 6 Jahrtausend kein Scharfsinn so weit, als der Kantische und wessen Tugend die Schriften dieses Mannes nicht stärken, der sieht nur seines Geistes- nicht seine Seelengröße, nur seinen sichtbaren Kopf, nicht sein unsichtbares großes Herz.*[45] Diese Wendung vom Geist zur Seele ist typisch für Johann Paul. Er will mitdenken, diese Systeme durchschreiten, aber er will sie am Ende dann doch nicht irgendwo allein im Kopf hängenlassen. Er fragt eher: nun – was wird daraus? Was machen sie aus dem Menschen, der so denkt? So ist Kant nicht der Vernunftdenker, sondern *ein belehrender Engel unter Zeitgenossen*, und obwohl man sich gerade diesen Philosophen schwer als Engel vorstellen kann, gibt doch die Wendung etwas sehr Charakteristisches wieder. Johann Paul will geführt werden, das philosophische Nachdenken soll neben der beabsichtigten Gründlichkeit auch ein Menschenbild entstehen lassen. Daher ist ihm die Kantische Vernunftkritik – anders als die Moralphilosophie – nicht geheuer. Seine Bedenken findet er in den Schriften Friedrich Heinrich Jacobis wieder, in dessen Buch über Spinoza und mehr noch in dem über David Hume. Im Winter 1788/89 studierte er diese Nihilismuskritiken. Stand nicht nach der Kantischen Vernunftkritik der Mensch am Ende wie ein selbstherrlicher Despot der Vernunft da, einer, der sich durch seine Philosophie an den Rand des Nichts, der Kritik, des weltauflösenden Räsonnierens begeben hatte? Johann Paul betrachtete die Philosophie wie das Gemälde einer Erzählung. Blieb der Mensch jetzt nicht – gottverlassen, einsam, kraftlos die Hände in die leere Höhe gehoben – in einem erkalteten, vernunftdurchdrungenen Universum zurück?

Wie gesagt: Philosophen lächeln vielleicht über solche Fragen, denn sie fragen nach Wahrheit oder Unwahrheit. Johann Paul hatte jedoch gleichsam einen anderen, einen menschlicheren Begriff von Wahrheit oder Unwahrheit. Er fragte: wie wirkt sich das denn auf uns aus, was wir da denken? Dürfen wir alles denken? Macht das Denken aus uns etwas Rechtes? Mit solchen Zweifeln war er – durchdrungen von einer sehr intensiven Naivität – vielleicht am Ende weiter als die Systematiker der Vernunft, zu denen sich ja auch Kant nicht rechnen wollte, zu denen eher seine Schüler und Ausleger (wie Fichte) gehörten, die sich tiefer und tiefer in die Begriffe begaben und darüber Jean Paulsche Fragen längst vergessen hatten. Man mag auch darin recht haben, wenn man behauptet, Johann Paul habe gleichsam mit dem Rücken an der Wand christliche Philosophie gegen die kritische retten wollen. Daher waren ihm ja die Schriften Herders so lieb, die nichts analysieren, sondern die wahre Religion des Menschen, befreit von Vorurteilen und knechtischer Einfalt, aus der Bibel erläutern, vorführen, zu einem gleichsam selbstverständlichen Ausguß natürlicher Frömmigkeit machen wollten.

Philosophen mögen darüber wieder lächeln, der Biograph läßt sie; ihnen ist nicht zu helfen. Statt dessen zeigt er, was Johann Paul aus allem machte, aus Kant, der Stoa, Jacobi und Herder. Denn in den letzten Jahren dieses Jahrzehnts flossen diese Gedanken zu einem Bild vom Menschen zusammen, das er von nun an entwickeln und vertiefen wird. Sein Bild vom *hohen Menschen* entstand. Schon 1781 hatte er im *Tagbuch meiner Arbeiten* eine Notiz festgehalten, die für diesen ganzen langwierigen Erkenntnisweg als Motto dienen könnte: *Wir haben grosse Geister gehabt; aber noch keine grossen Menschen. All' unsre Genies schwingen sich durch ihren Verstand über die Erde hinweg – wir sehen traurig ihrem Fluge nach und bedauern nur Menschen zu sein; wir vereren sie, aber wir lieben sie nicht ser.*[46] Der *hohe Mensch* aber sieht über die Erde hinaus, um sie desto intensiver zu lieben. 1788 hatte Johann Paul seinem Freund Hermann geraten: *... trenne dich mit den Gedanken von der Erde, worauf du wohnst und sie wird dir wie einem Mondbewohner schimmernd scheinen und nicht dreckig.*[47]

Man kann so etwas leicht mißverstehen. Johann Paul meint nicht Träumerei, er meint nicht weltabgewandtes Schwärmen, er meint nicht Eitelkeit oder Überheblichkeit. Wer so blickt und lebt, wie Johann Paul es will, nimmt das irdische Gemengsel nicht mehr so ernst, er lernt die Fehler der anderen verzeihen, er zeichnet gleichsam hinter die Kleinlichkeiten der Welt die größere Perspektive des Universums – so lange, so intensiv, mit so viel Wärme und Gefühl, daß die Eiseskälte der von sich abgewandten, einsamen Menschen endlich verlorengeht. Der Biograph würde es gerne noch einmal, noch anders, noch besser sagen, aber er gibt Johann Paul das Wort, der es dem Freund Wernlein in Hof erklären will: ... *solche Menschen, die alles auf der Erde für Mittel, nicht für Zwek ansehen, die wie Shakespeare und die meisten Engländer das Gefühl der Eitelkeit aller Dinge in ihrem Busen tragen, die, von der hiesigen irdischen Bestrebung nicht mitfortgerissen, von unsern Menschenfreuden und Leiden unbetäubt, geniessen, leiden und thun nur mit dem besonnenen Blick entweder nach einer andern Welt oder nach dem Grabe – können nur von der Natur gebildet und vom Schiksal nie gemisbildet werden. – Diese Denkungsart wird weder von der Philosophie noch Religion noch Poesie verliehen aber wol gestärkt; und durch Gesellschaften, Arbeiten, Aemter – entnervt.*[48]

Der Leser mag es bemerkt haben. Einer, der so spricht, hat in all den Jahren nicht nur eifrig geschrieben und gelesen, eine Hofmeisterstelle bekleidet und beobachtet, wie schlecht es den Fronbauern geht, die der geizige Oerthel von seinem Rittergut aus traktiert, so einer hat noch mehr erlebt an Bitterem. Im April 1789 hatte ein Bruder Jean Pauls sich das Leben genommen, aus Verzweiflung über die Armut der Familie war er ins Wasser gegangen. Im Februar 1790 starb ein anderer guter Freund, Johann Bernhard Hermann. Die Todesgedanken lassen den jungen Autor nicht mehr los. Im November 1790 kulminieren sie. In einer Tagebuchnotiz vom 15. November vermerkt er: *Wichtigster Abend meines Lebens: denn ich empfand den Gedanken des Todes, daß es schlechterdings kein Unterschied ist ob ich morgen oder in 30 Jahren sterbe, daß alle Plane und alles mir davonschwindet und daß ich die armen Menschen lieben sol, die sobald mit ihren Bisgen Leben niedersinken – der Gedanke gieng bis zur Gleichgültigkeit an allen Geschäften.* Schon am darauffolgenden Tag heißt es jedoch: *Ich richtete mich wieder auf, daß der Tod das Geschenk einer neuen Welt sei und die unwahrscheinliche Vernichtung ein Schlaf.*[49]

Doch der Todesernst, den Johann Paul so drastisch erfahren hatte und der in sein Leben für immer einen entscheidenden schwarzen Schnitt zog, war von nun an nicht mehr zu vergessen. Die kleinen Arbeiten in den Jahren 1789 und 1790 kreisen um dieses Thema. 1789 war nun doch seine Satirensammlung *Auswahl aus des Teufels Papieren*, die er – in verschiedenen Fassungen – seit 1783 in Arbeit gehabt hatte, erschienen. Die nächste, *Abrakadabra oder die Baierische Kreuzerkomödie*, kam dann nicht mehr in den Druck und einige ihrer Beiträge gingen in spätere große Werke ein, darunter auch *Des todten Shakespear's Klage unter den todten Zuhörern in der Kirche, dass kein Gott sei.* Die kleine Vision ist eine unerhörte Kühnheit, malt sie doch das Erschrecken eines Träumers aus, der in der Nacht den Toten begegnet, die aus den geöffneten Särgen herausstreben, während eine Stimme am Altar verkündet: ... *kein Got und keine Zeit ist. Die Ewigkeit wiederkäuet sich und zernagt das Chaos. Der bunte Wesen-Regenbogen wölbt sich, ohne eine Sonne, über den Abgrund und tropfet hinunter – das stumme nächtliche Begräbnis der Selbstmörderin*

*Natur sehen wir und wir werden selbst mit begraben. Wer schauet nach einem götlichen Auge der Natur empor? Mit einer leeren schwarzen unermeslichen Augenhöle starret sie euch an.*[50] Kühn ist das Ganze, weil es die Vision eines absoluten Nichts versucht, in der das *stillestehende Aschenhäufgen auf dem Altar* niemand anders ist als der verfaulte Jesus Christus. Johann Paul experimentierte darin mit den dunklen Todesgedanken, die durch die philosophische Lektüre angeheizt wurden und gegen die Jacobi die großen Begriffe von Gott, Mensch und Welt gesetzt hatte, die unter den vernichtenden Stößen kantischer Auslegung zu zerbröckeln drohten.[51] Aber er experimentierte doch nur. Am Ende zerfällt das Chaos des absoluten Nichts, der Träumende wacht aus den düsteren Visionen auf und das befriedete Bild einer anderen Welt strahlt erlösend auf: *Mit einem schreklichen Schlage schien der Glockenhammer, der sich unendlich über uns ausbreitete, die zwölfte Stunde zu schlagen und er zerquetschte die Kirche und die Todten: und ich erwachte und war froh, daß ich Got anbeten konnte.*[52]

Neben der Vision griff auch eine kleine Abhandlung – *Über die Fortdauer der Seele und ihres Bewußtseins* – das Todesthema der Vernichtung auf und variierte es philosophisch. Später folgten dann die großen Abhandlungen *Das Kampaner Thal* (1797) und noch kurz vor dem Tod *Selina oder über die Unsterblichkeit der Seele*. Man denke nun aber nicht, Johann Paul habe in all diesen Jahren nur diesen trüben und todesnahen Gedanken nachgehangen, obwohl sie eine wichtige Rolle in seinem Leben spielten und später noch ein Fundament abgeben, das nicht mehr loszuwerden war. Der *hohe Mensch* blickt ja nicht nur auf die Welt und ins Jenseits, so sehr es ihm auch davor graut, er bemerkt auch das Kleinste, ja gerade das Kleinste neben dem Größten. Im Kleinsten, den alltäglichen Verrichtungen der Menschen, ist aber die Geschichte der sozialen Unordnung verborgen, die Geschichte einer großen Ungerechtigkeit, die dazu führt, daß sich ein Bruder das Leben nimmt, Johann Paul noch immer bettelarm ist und die Mutter nicht weiß, wie sie die Kinder durchbringen soll. Das endende 18. Jahrhundert gibt sich zwar aufgeklärt, durch und durch pädagogisiert und zivilisiert, in Frankreich revoltiert man sogar. In Hof im Fichtelgebirge ist jedoch davon wenig zu spüren. Überhaupt hat die Dorf- und Stadtgeschichte auf dem Land einen ganz anderen Gang als die Welt- oder die kleinere Literaturgeschichte. Was sich dort an Taten und Ideen häuft, ist im Dorfrahmen oft gar nicht auszumachen, wohl aber das Verhalten, gegen das Johann Paul deutliche Töne fand.[53] Die *Auswahl aus des Teufels Papieren* kennt keine Vorsicht. Vielmehr zieht die *satirische Essigfabrik* vor allem die Großen in den bitteren Sud der Kritik. Johann Paul sehnte in der Ferne zwar nichts so herbei wie die Unendlichkeit (der Seele, Gottes), im Nahen ergänzte die Idee der Freiheit das metaphysische Hoffen. Beides hing eng miteinander zusammen, denn die Idee der Freiheit erschien ihm gleichsam als eine Menschwerdung metaphysischen

Wollens. So bittet er den Verleger Archenholz, *uns aus unsern mon-archischen Ketten und Bandagen aufzurütteln, durch das Beispiel eines Volks, das sich frei bewegt und iene nur Missethätern und diese nur Kranken umflicht; mög' es Ihnen nie an Zeit und ec. fehlen, unserm Freiheitsgefühl (das wie Gewächse unter Steinen, unter Thronen kränkelt) durch lebende Beispiele, nicht vage Bruder Redners Predigten Luft und Sonne zu geben*[54].

Man könnte es einfacher sagen, aber Johann Paul hat inzwischen seinen Stil gefunden, da ist nichts mehr zu korrigieren. So setzt der Biograph hinzu, daß er mit dem *Beispiel* eines freiheitsliebenden Volkes die Engländer meint, denen von früh an seine Sympathien gehörten. Später hat er Figuren seiner Romane zu Engländern gemacht und sie freiheitsstiftend und feurig durchs deutsche Land ziehen lassen. Die heftigen revolutionären Gedanken hatte er schon früh aus Rousseaus Schriften kennengelernt und ihm dafür einen Eichenkranz versprochen: *Wenn der große Rousseau gern einen Wiesenhobel gehabt hätte, um ihn hoff' ich über die ganze Erde zu ziehen und damit die Erhebungen, die iezt selbige so ungleich und höckerig machen und die von Eroberern zu ihren Sitzen und Thronen aufgeworfen worden, so gut als möglich darnieder zu arbeiten: so verdient er dafür nicht die Eicheln, die er den Menschen anpries, sondern die bloßen – Blätter derselben.*[55]

Als diese Sätze erschienen (Mai 1789), begann in Frankreich die Revolution, der Sturm auf die Bastille stand kurz bevor. Johann Paul jedoch durfte nur auf dem Papier wüten und hobeln, kaum einer wollte ihn lesen. Statt dessen nahmen die Hofer an seinen offenen Hemden und zopflos verschlungenen Haaren größeren Anteil. Soviel Freiheitskleidung wollten sie nicht dulden. Ende des Jahres 1789 ergab sich Johann Paul in sein Schicksal, nachdem er jahrelang dagegen geköpft hatte. Er trug wieder den berüchtigten Zopf, ließ die Haare scheren und drängte die ungestümen Gedanken noch tiefer ins Innere des Schädels hinein. Denn er war nun vom Rittergut Töpen und der Hofmeisterstelle wieder ins städtische Hof zurückgekehrt. Erst im März des folgenden Jahres erhielt er wieder eine ähnliche Stelle, diesmal in Schwarzenbach, wo er sieben Schülerinnen und Schüler (darunter die Kinder des Fabrikanten und Amtsverwalters Johann Gottfried Cloeter) zu unterweisen hat. Die Arbeit hat ihn zu allerlei pädagogischen Schriften – zu denen auch eine größere Abhandlung, *Levana oder Erziehlehre*, gehört – veranlaßt. Man müßte über den Erzieher Jean Paul besonders handeln, doch der Biograph sieht den Erzähler vor der Tür. Denn in diesen Monaten läßt allmählich das satirische Reden und Schreiben nach. Aus Johann Paul und J. P. F. Hasus wird Jean Paul, der sich so nach dem großen Rousseau nennt. Das aufgeblähte Satirenwesen geht in den Vorgang des Laichens über: gelaicht werden zunächst kleinere Erzählungen, dann aber der erste Roman.

# Laichvorgänge

Am 17. Februar 1791 geht an Christian Otto, den Freund und Kritiker der Arbeiten, ein kurzer Brief, dem die erste Hälfte einer kleinen Erzählung beiliegt: *Bei diesen mit unendlicher Wollust empfangnen und gezeugten 4 Bogen bedenke 1) daß es in 10 Tagen geschah 2) und in gestohlnen Stunden nach und vor der Schule 3) und daß es soviel ist als schlägst du das Ei auf und besiehest das rinnende Hühngen 4) und daß es dürre Knospen und Vorübungen sind, damit unser Einer so gut einen Roman in die Welt sezen könne als H. Thylo.*[56]

Auf den vier Bogen findet sich der Anfang des *Leben des vergnügten Schulmeisterlein Maria Wutz in Auenthal*.

Der Biograph rückt seinen Stuhl zurecht, er bittet den Leser näher heran – so wie Jean Paul in seiner Erzählung den Freund Christian Otto auffordert, die Stühle um den Ofen und den Schenktisch mit dem Trinkwasser an die Knie zu rücken. Wie hat er sich in all den zurückliegenden mühseligen Hungerjahren auf dieses Erzählendürfen vorbereitet! Später hat er es einmal so dargestellt, als sei dies mit wachem Bewußtsein, nach einem Plan geschehen. Aber Schriftsteller, die einmal Erfolg gehabt haben, beginnen oft, aus den unbedeutenden Tagen Sprossen und Vorboten der königlichen zu machen, damit ja kein Quantum Zeit unter den Tisch falle. Der Biograph glaubt nicht an Plan und Absicht. Johann Paul wußte wohl lange nicht, wie er es anlegen sollte, das Schriftstellern. Er wuchs in kleinen Schritten aus seinen Existenzen heraus, aus der des Philosophen, der des Gelehrten, der des Satirikers, der des Enzyklopäden. Nicht daß er diese Laufbahn nicht gebraucht hätte! Nein, sie war ihm vielmehr erst zur rechten Schreib- und Lebensgrundlage geworden. Er hatte sich vorbereitet, gelesen wie kein anderer, er war in vielen Dingen fertig. Und es erstaunt ja am meisten, mit welcher Besessenheit er an seinen Arbeiten und Entwicklungen festhielt, als habe er schon immer gewußt, es werde etwas dabei herauskommen. Dreizehn Jahre sind nun schon nach dem Beginn mit den ersten Exzerptenheften vergangen, zwei Bücher sind erschienen, aber keiner kennt ihn. Er ist ein Schriftsteller im Verborgenen, ganz und gar vorbereitet auf Größeres, ausgebildet in vielen handwerklichen Kniffen und Versuchen, nun wird er bald heraustreten aus der Verborgenheit – und die ihn lesen, werden glauben, da habe sich einer unter einem

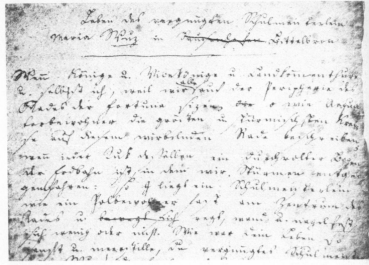

*Ursprünglicher Anfang von «Schulmeisterlein Wutz»*

Pseudonym versteckt, der längst einen größeren Namen habe. Das wirft ein treffendes Licht auf sein bisheriges Leben: es war ein immer intensiver werdendes Glimmen, ein Aufbau einer Werkstatt, eine Disziplinierung, der er bisher alles geopfert hat, viele Vergnügen, erotisches Lieben und Beischlafen, Beruf und Amt. Nach einigen kleinen Übungen in der Erzählkunst – kurzen Charakterstücken und Porträts – wächst die *Wutz*-Geschichte zum ersten Roman im Kleinen. Denn dieser Erzähler, der sich Jean Paul tauft, kann ja nicht auf wenigen Seiten haltmachen. Er überzieht die Seiten mit jener ruhigen Dauerhaftigkeit der Emphase, mit der er bisher gelebt hat. Am liebsten würde er sich ganz in einen Schreibenden verwandeln, den Schlaf drangeben, noch mehr vom Kaffee schlürfen, damit er auch des Nachts wach bliebe, um in diesen eng geschriebenen Zeilen zu verschwinden, seinen Helden nachzueilen, ihnen etwas zuzurufen, damit sie nicht stolpern, sie zu überlisten und im nächsten Moment doch wieder ans Herz zu drücken. Nein, es wird ihm nicht gelingen, sich als Erzähler von seinen Geschichten zu trennen und mit kaltem Blick auf seine Gestalten herabzuschauen. Der Biograph hat dem Leser den Blick der *hohen Menschen* schon erläutert. Es ist einer aus kosmischer Ferne auf die Welt, so lange, so intensiv, bis auch deren Kleinigkeiten vor der Weite tief aufleuchten. So ein Blick, so eine Geschichte steckt im *Wutz*, der eigentlich eine biographische Übung ist, in dem aber schon vieles von dem vorkommt, was in den großen Romanen eine Rolle spielen wird.

Im *Wutz* betrachtet der Erzähler das glückliche und vergnügte Leben eines Schulmeisters, der – in Wahrheit arm und vom Leben nie verwöhnt – doch von Freudeninsel zu Freudeninsel schifft, mit gleichbleibender Ruhe und Gelassenheit. Wutz weiß aus den kleinsten Dingen viel zu machen; jedes ist ihm ein Anlaß zur Glückseligkeit, und da er sie sich einzuteilen, aufzusparen und zu genießen weiß, fällt die ganze Erdenschwere von seinem erbärmlichen Dasein weg, das Leben um ihn verdünnt sich gleichsam, und er geht, als werde er von einer unsichtbaren Hand getragen und geführt, bis er ins Grab fällt. So wird die Armut überspielt, ein heiterer Eigensinn läßt schwerfällige Hypochondrie niemals aufkommen. Denn der Schulmeister lebt verschlossen wie ein Schaltier in der Muschel. Sein Dasein bleibt kurios, befremdlich, merkwürdig – und der Erzähler weiß es am besten. Denn der sitzt im Lehnstuhl und hält in seiner Erzählung die Hand über sein Geschöpf, dieses *Ding*, damit niemand sich ihm nähere mit dummdreisten, vorlauten Bemerkungen. Könnte da nämlich nicht einer einwenden, so ein Leben sei kindisch, närrisch, das Leben eines spießigen Sonderlings, der sich noch über die ärmliche Ordnung und die Stellung seiner Hausschuhe unter dem Bett zu freuen versteht, der nichts ist als ein bloßer Phantast, der nicht einmal fähig ist, sich die Bücher der großen Welt von eigenem Geld zu kaufen, sondern sie sich selbst schreiben muß, eines nach dem anderen? Gerade vor diesen scharfen Einwänden will Jean Paul seine kleine Gestalt bewahren, er will sie im Kleinen belassen, so, daß aus ihrem winzigen Reich ein Fabelreich der Empfindungen wächst und so, daß die vornehmen Leser und Leserinnen, die an große und tragische Stoffe gewöhnt sind, plötzlich wahrnehmen, daß in diesem schlichten, freudetrunkenen Leben vieles blühen kann. Die Erzählung soll den Lesern *sanft tun*, sie sollen an der *weitläufigen* Beschreibung gleichsam von ihren Modetorheiten, aber auch von ihrer fiebrigen Lebensunruhe genesen. Denn in der Welt des Erzählers und der des Lesers geht es ja nicht so harmonisch und glückselig zu – daran läßt Jean Paul keinen Zweifel: *Freilich du, mein Wutz, kannst Werthers Freuden aufsetzen, da allemal deine äußere und deine innere Welt sich wie zwei Muschelschalen aneinander löten und dich als Schaltier einfassen; aber bei uns armen Schelmen, die wir hier am Ofen sitzen, ist die Außenwelt selten der Ripienist und Chorist unsrer innern fröhlichen Stimmung.*[57] Dem Erzähler setzen die Todesgedanken vielmehr Schranken vor die ungebrochene Gemütsverfassung.

Jean Paul hat – wie der Biograph hier nicht lange zu beweisen braucht – diese Erzählung mit dem Blick auf die letzten zurückliegenden Jahre seines Lebens geschrieben. Sie ist – als *Kunst des freudigen Lebens* – eine Gegenvision zu den erschreckenden Klagen Shakespeares, sie lindert, sie tröstet, sie gibt etwas ab von der Freude: … *aber warum macht doch mir und vielleicht euch dieses schulmeisterlich vergnügte Herz so viel Freude? – Ach, liegt es vielleicht daran, daß wir selber nie eins so voll bekommen, weil der Gedanke der Erden-Eitelkeit auf uns liegt und unsern Atem drückt und weil wir die schwarze Gottesacker-Erde unter den Rasen- und Blumenstücken schon gesehen haben, auf denen das Meisterlein sein Leben verhüpft?*[58] Gerade diese Dissonanz macht den Reiz der Erzählung aus. Da strampelt sich die kleine *Wutz*-Natur vor den Augen des Erzählers und Lesers in ihrer königlich anmutenden Freudenswilligkeit ab, richtet sich auf, tanzt mit der Geliebten, verliebt sich, erhält die Begehrte auch endlich zur Frau, übernimmt vom Vater das Schulmeisteramt, richtet nicht viel aus, sondern höchstens alles in sich hinein, indem er es immer wieder in einer zeitlosen Gegenwart ordnet und ausschmückt – der Erzähler aber kennt ja schon das traurige Ende von allem, Wutzens plötzlichen Tod, denn er ist bei diesem Tod dabei gewesen, und so muß er alles, durch diese Erinnerung verbittert, die Freudenstufen hinauf- und schließlich die Leiter wieder hinuntererzählen.

Niemand soll also dieses kleine Leben verachten, etwas wie eine trotzig festgehaltene Würde lebt in dieser Kreatur, die die Laufbahn der geknechteten und verarmten unteren Stände nie verläßt. Sie bleibt verschont von allzu harten Schicksalsschlägen, großen Ereignissen, dem ganzen Getrampel der Welt, den Theaterszenen vor dem Palais Royal und den höfischen Spitzfindigkeiten der grand monde: *Schiffe fröhlich über deinen verdünstenden Tropfen Zeit, du kannst es!* – so ruft der Erzähler seinem geliebten Schulmeister zu, und aus diesem Zuruf kann man die ganze atmosphärische Stimmung der Geschichte entnehmen: wie das Leben des Wutz immer höher hinaufsteigt, er seine Liebe im Herzen wie einen Gasballon aufbläht und während dieses Lebens doch die Zeit vorkriecht, schleichend und unheimlich auf den Tod fortschreitet und am Ende den Erzähler und den Leser das Gefühl überkommt, nun in diesen Stunden der Erzählung selbst um ein winziges auf das fürchterliche Ende vorwärtsgerückt zu sein: *Es ist genug, meine Freunde – es ist 12 Uhr, der Monatzeiger sprang auf einen neuen Tag und erinnerte uns an den doppelten Schlaf, an den Schlaf der kurzen und an den Schlaf der langen Nacht ...*[59]

Der Biograph sträubt sich dagegen, das Ganze eine Idylle zu taufen; Jean Paul hat es selbst sehr bewußt nicht getan, sondern es *Eine Art Idylle* genannt. Denn der *Wutz* ist kein Lob des einfachen und natürlichen Lebens; die Erzählung hat – wie gezeigt – einen doppelten Boden, einen des heftigen, lebensverlangenden Glücks und einen der Trauer. Es wird darin nicht idyllisiert, nicht verklärt, das Freudenmachen selbst ist eine *herkulische Arbeit*, am ehesten ist die Geschichte ein Miniaturporträt eines zwar einfältigen, aber doch vergnügten Menschen, ausgeleuchtet bis in die Ritzen des Alltags, den Jean Paul selbst wohl aus seinen eigenen Kindheitsfreudentagen kannte. Wer aber vor diesen Miniaturen mit dem Kichern und Lachen anhebt, wem alles unbedeutend, weltlos und kleinkariert vorkommt und wer sich vor Eitelkeit und Hochmut gar nicht auf eine solche Geschichte einzustimmen weiß, dem donnert der Erzähler seinen

*Titelkupfer*
*von Daniel Chodowiecki*
*zur ersten Auflage von*
*«Die unsichtbare Loge»*

Schimpf entgegen: *Ich könnt' aber den Pinsel fast jemand an den Kopf werfen, wenn mir beifällt, mein Wutz und seine gute Braut werden mir, wenns abgedruckt ist, von den Koketten und anderem Teufelszeuge gar ausgelacht: glaubt ihr denn aber, ihr städtischen distillierten und tätowierten Seelenverkäuferinnen, die ihr alles an Mannspersonen messet und liebt, ihr Herz ausgenommen, daß ich oder meine meisten Herren Leser dabei gleichgültig bleiben könnten, oder daß wir nicht alle eure gespannten Wangen, eure zuckenden Lippen, eure mit Witz und Begierde sengenden Augen und eure jedem Zufall gefügigen Arme und selber eure empfindsamen Deklamatorien mit Spaß hingäben für einen einzigen Auftritt?* [60]

Indes – längst wird der Leser dem Biographen in seiner Meinung, daß die *Wutz*-Erzählung für Jean Paul die Geschichte einer tröstenden Heilung, einer Art Reinigung von den Quälereien und Schrecken seiner Vergangenheit war, gefolgt sein. Darüber ist nicht zu lachen. Denn das ganze ärmliche Dasein, die Anstrengung seiner Jugend, die manchmal bittere Ungeselligkeit dieses Lebens traten in der *Wutz*-Erzählung in den Spiegel einer anderen Deutung: sie wurden nicht gerechtfertigt, sondern mit dem todesgewissen Blick beinahe elegisch so verabschiedet, daß nun an Neues zu denken war. Der Biograph hat sich ja so lange bei dieser Geschichte aufgehalten, weil sie eine Schlüsselstellung im Werk Jean Pauls einnimmt. Erst mit ihr beendet er die Jugendklimmerei seines frühen Werkes, um sich schon wenige Wochen später an die Niederschrift seines ersten gro-ßen Romans, *Die unsichtbare Loge*, zu wagen, an dem er in den wenigen freien Nachtstunden nach denen des Erziehers arbeitet, nächtelang, am Ende *wie ein Vieh*, dessen Appetit längst fort ist.[61]

Der Leser erwarte jetzt nur vom Biographen nicht, daß der ihm die Handlung dieses Romans lange umständlich ausbreite und verständlich mache. Wollte der Biograph das tun, schriebe er sich weit über dieses schmale Buch hinaus – und was käme am Ende schon dabei heraus? Ein Jean Paulscher Roman ist überhaupt am wenigsten etwas zum Nacher-zählen, man muß vielmehr in ihn hineinsteigen wie in ein Dickicht, wo vieles Undurchschaubare passiert, die Einschübe des Erzählers den di-rekten Blick aufs Kommende manchmal versperren und zunächst auf vie-len, miteinander konkurrierenden Ebenen gespielt wird, ohne daß der Leser sie miteinander in Verbindung zu bringen wüßte. Jean Paul hielt sich ja nicht nur an einen Helden und eine Handlung; er wollte die Fülle seiner Welt darstellen, das ganze endende Jahrhundert zum Thema ma-chen, und so ließ er seiner enzyklopädischen Gefräßigkeit vollen Lauf. Denn die hatte im Roman endlich ihre volle Darstellungsbreite gefunden. Das war so selbstverständlich nicht. Damals – in den frühen neunziger Jahren des 18. Jahrhunderts – galt gerade diese Gattung wenig. Sie wurde als eine der niedrigsten verachtet, tauglich bloß zur billigen Unterhal-tung, ein Zwitter, dem nichts Rechtes, kein hohes Tragödienspiel, keine poetische Rechtfertigung, die man aus der Antike hätte borgen können, abzugewinnen war. Jean Paul kümmerte das wenig, denn er wollte ja den Leser unterhalten, ihn auf vielfältigste Weise beschäftigen, und diese Ab-sicht schloß ein, ihm nicht nur eine Geschichte, einen Ton und eine Handlung zu schenken. So entstand ein großes Szenarium, in dessen Mitte der junge Gustav, sein Freund Amandus, der Dr. Fenk, Ottomar und der Genius, ein Erzieher Gustavs, hin- und hereilen zwischen dem Gut Auenthal, der Residenzstadt Scheerau, dem Gut Maußenbach, Schloß Marienhof. Zwischen Gustav und Amandus entwickelt sich eine heftige Freundschaft, die aber durch ihre beiderseitige Liebe zu Beate immer wieder gestört wird. Amandus ist der Sohn des Dr. Fenk, den Jean Paul als zynischen, aber menschenliebenden Arzt vorstellt, Beate ist die Tochter des Kommerzienagenten Röper, des großen Geizkragens und Unholds, der keinem Menschen die Hand reichen möchte, weil der, sich an ihr hochziehend, etwas von seinem Reichtum erbetteln könnte. Inmitten dieses reichhaltigen Personals aber steht der Erzähler Jean Paul, der ganz aus der Nähe an der Handlung teilnimmt, zunächst als Gustavs Erzieher, später als Gerichtshalter des Kommerzienagenten. Und während der Leser die Entwicklung dieses vielschichtigen Spiels verfolgt, wird er vom Erzähler immer wieder angehalten, denn er soll ja auch teilnehmen an dessen Welt und an den Geburtswehen der Entstehung dieses Romans. Schon nach dem ersten Kapitel stöhnt der Erzähler ernsthaft auf: *Es gibt in der ganzen entdeckten Welt keine verdammtere Arbeit als einen ersten Sektor zu schreiben; und dürft' ich in meinem Leben keine andern Sektores schreiben, keinen zweiten, zehnten, tausendsten, so wollt' ich lieber Logarithmen oder publizistische Kreisrelationen machen als ein Buch mit ästhetischen.*[62]

Sieht denn der Leser auch nicht ein, was dem Erzähler da bevorsteht, Aufgaben nämlich, die das Lösen von Logarithmen zu einer vergleichsweise einfachen Angelegenheit zusammenschrumpfen lassen? Da muß er Gustav, den Knaben, die ersten acht Jahre seines Lebens fern von allen Menschen, fern vom Leben, in einer Höhle zusammen mit seinem Erzieher, dem Genius, aufwachsen lassen, weil die Mutter des Kindes es so bestimmt hatte, um allen bösen Machenschaften der Welt vorzugreifen und die reine Natur des Kindes so lange wie möglich zu bewahren; da muß er ihn endlich aus der Höhle auf die Erde führen, ihn ans theatralische Schauspiel der Menschenpuppen um ihn herum gewöhnen, ihn nach Scheerau ziehen, wo er in die fürstliche Kadettenanstalt aufgenommen wird und furchtbar zu leiden hat, da dem empfindsamen Jüngling nichts so abträglich ist wie das Kriegs- und Militärwesen, da muß er ihn alle Gefühlsbäder der Verzweiflung und Liebe, der Freundschaft und der Einsamkeit erleben lassen. Schon das allein wäre kein Leichtes, aber ins Spiel drängelt sich ja auch die Residentin von Bouse hinein, eine schöne Adlige, die den jungen Gustav verführt; der Kammerherr von Oefel, ein Höfling mit widerlichen Herzenszügen, eilt Beate hinterher, um sie zu stellen, Amandus tobt vor Rachsucht, weil er an eine Verbindung zwischen Gustav und Beate glaubt, und Ottomar, die große Gestalt, der reisende, todesgezeichnete, gibt dem ganzen Leben den Laufpaß und läßt sich – aus Hohn über seine Erbärmlichkeit – lebendig begraben, um furchtbar wieder aufzuerstehen. Die Totalregie über diese Politik der Liebschaften und Knechtschaften, dieses Aufbäumen der Menschen vor dem Tod, diese manchmal trostlos bittere Einsamkeit, muß also, wie der Leser verstehen wird, auf die Dauer dem Erzähler unbändig zu schaffen machen. Je länger er von seinem Freund Gustav und den vielen anderen berichtet, um so schlimmer geht es ihm. Kaum blickt er selbst durch das wüste Gedrängel, die Krankheit nimmt ihm endlich die Feder ganz aus der Hand, ein paar Fieber auf einmal befallen und erbärmliche Verstopfung beschleicht ihn, die Nerven sind beinahe entzweigeschlitzt durch so

zahlreiches Leiden, das Sterbelager scheint nicht mehr weit, zudem is
auch der Winter gekommen, die freudenarme trüb stimmende Zeit, alle
zusammen packt den Erzähler nach Kräften – bis er endlich im 48. ode
Mai-Sektor wieder aufatmen kann und der Leser mit ihm, der wissen will
wie es weitergeht: *Er ist wieder zu haben, der Bruder und Biograph! Fre*
*und froh tret' ich wieder vor; der Winter und meine Narrheit sind vorüber,*
*und lauter Freude wohnt in jeder Sekunde, auf jedem Oktavblatt, in jeden*
*Dintentropfen.*[63]

Lichte, schöne und hohe Momente folgen diesen Schwächeperioden
denn die ganze Gesellschaft macht sich endlich – gleichsam zur Frühlings
kur – auf nach dem Heilbad Lilienbad. Dies ist nun eine der Szenen, un
deretwillen jeder Leser den Roman zur Hand nehmen muß. Mag ma
nämlich lange in ihm nach einer brav zusammengefügten Handlung su
chen, diese wird – einmal gefunden – doch bald wieder in Vergessenhei
geraten. In Erinnerung bleiben vielmehr die großen Szenen, die beinahe
opernhaften Auftritte, in denen der Erzähler alles aufbietet, was an Lau
ten, Farben, Paradiesen, Träumen und Sätzen zu haben ist. Er kann sich
beinahe gar nicht halten vor Sehnsucht, diese Momente zu gestalten, und
wenn er in sie hineingerät, dann brennt gleichsam alles um ihn auf und de
schwelgerisch-schöne Stil sucht nach keinem Halt mehr. Der Leser mag
den Biographen begleiten, der ihn zu einem solchen Moment führt, for
von Auenthal, an einem frühen Morgen, Richtung Lilienbad. Da könnte
der Biograph nun nicht mehr sagen als: «sie machten sich auf den Weg»
und «sie kamen gegen Mittag in Lilienbad an» oder dergleichen. E
könnte es auch ausschmücken und anheben: «so machten sie sich an ei
nem frühen, aber noch kühlen Morgen, als die Sonne gerade zu steiger
begann, auf den Weg ...» – All das reicht dem Erzähler Jean Paul nicht
und der Biograph will nicht länger mit ihm konkurrieren (er träfe es so
wieso nicht). Denn Jean Paul holt gleichsam so tief Luft, daß die ganze
Welt für einen Moment in seinem aufgesperrten Herzensrachen unterzu
gehen scheint, um dann so wieder aufzutauchen: *Der heutige Morgen hatte*
*die ganze Auenthaler Gegend unter ein Nebel-Meer gesetzt. Der Wolken-*
*himmel ruhte auf unsern tiefen Blumen aus. Wir brachen auf und gingen in*
*diesen fließenden Himmel hinein, in welchen uns sonst nur die Alpen heben.*
*An dieser Dunst-Kugel oben zeichnete sich die Sonne wie eine erblassende*
*Nebelsonne hinein; endlich verlief sich der weiße Ozean in lange Ströme –*
*auf den Wäldern lagen hangende Berge, jede Tiefe deckten glimmende Wol-*
*ken zu, über uns lief der blaue Himmelzirkel immer weiter auseinander, bis*
*endlich die Erde dem Himmel seinen zitternden Schleier abnahm und ihm*
*froh ins große ewige Angesicht schauete – das zusammengelegte Weißzeug*
*des Himmels ... flatterte noch an den Bäumen, und die Nebelflocken verhin-*
*gen noch Blüten und wogten als Blonden um Blumen – endlich wurde die*
*Landschaft mit den glimmenden Goldkörnern des Taues besprengt, und die*
*Fluren waren wie mit vergrößerten Schmetterlingflügeln überlegt.*[64]

So geht es weiter, und leicht könnte der Biograph ganze Seiten so füllen, der Leser muß aber selbst nachschlagen und fortfahren. Dann wird er erkennen, daß diese großen Szenen den Wert des Romans ausmachen, Gustavs Auferstehung, Amandus' Sterbeszene, Ottomars Todesvision, zwischen denen der vielwissende Dr. Fenk eifrig vermittelt, denn einer muß nun einmal einen nüchternen Kopf behalten in all diesen Heftigkeiten. Fenk trägt denn auch – wie manchmal der Erzähler – einen anderen, satirisch-bitteren Ton in das Geschehen, reißt hier und dort Pelze und andere Kleidungsstücke von den vermummten Mitspielern und legt derart ihre Schwächen bloß, daß man aufschaut beim Lesen. Aber der Roman ist im Ganzen zu vielfältig, als daß der Biograph ihn nun so handlich entflechten könnte. Es gibt tausenderlei darin zu finden, wenn man nur langsam liest, und mit einmaligem Lesen ist es sowieso nicht getan. Was aber im Hintergrund steht und durchgängig gleichsam die Folie allen Handelns abgibt, ist der todestrübe Blick des Erzählers, vor dem die Zeit vorüberflieht wie ein Zerstäuben von Minuten; es ist nicht leicht auszumachen, ob er ihn vom Autor Jean Paul eingeimpft erhielt oder ob er ihn nicht mit den anderen Gestalten des Romans teilt. Denn auch diese sind voll von Leichenvisionen, und einmal, als Ottomar, Dr. Fenk und Gustav ganz nahe beieinander zu sein glauben und das Wiedersehen nach langer Trennungszeit feiern, da bleibt Ottomar nichts anderes als zu sagen: *Sonach leben wir drei – das ist das sogenannte Existieren, was wir jetzt tun – wie still ists hier, überall, um die ganze Erde – eine recht stumme Nacht steht um die Erde herum, und oben bei den Fixsternen wills nicht einmal lichter werden.*[65] So fragt denn der Biograph mit Grund, ob diesen Menschen überhaupt zu helfen war. Letztlich blieben sie immer allein und ihr Hinüberfühlen und Heraustasten ließ sie mit aller Zeit nicht näher zueinander kommen. Ottomar hatte es ja schon gesagt: *Welche Kraft wird denn an uns ganz ausgebildet, oder in Harmonie mit den andern Kräften? Ists nicht schon ein Glück, wenn nur eine Kraft wie ein Ast ins Treibhaus eines Hör- oder Büchersaals hineingezogen und mit partialer Wärme zu Blüten genötigt wird, indes der ganze Baum draußen im Schnee mit schwarzen harten Zweigen steht? Der Himmel schneiet ein paar Flocken zu unserem innern Schneemann zusammen, den wir unsre Bildung nennen, die Erde schmelzt oder besudelt ein Viertel davon, der laue Wind löset dem Schneemann den Kopf ab – das ist unser gebildeter innerer Mensch, so ein abscheuliches Flickwerk in allem unseren Wissen und Wollen!*[66]

Der Leser wird sich nun gar nicht mehr wundern, daß Jean Paul nach über einem Jahr Schreiben und Kämpfen, Dirigieren, Erkranken und Aufstöhnen endlich abbrach und den Roman eine Ruine bleiben ließ. Wie hätten diese isolierten Gestalten auch zu einer Gemeinschaft finden sollen? Im Hintergrund war freilich schon eine vorbereitet, eine geheime, eben eine unsichtbare Loge, zu der die Hauptakteure, wenn sie weitsichtig genug waren, gehörten und in deren Spiel der junge Gustav eine be-

*Karl Philipp Moritz.*
*Gemälde von G. Schumann*

deutende Rolle spielte. Aber Jean Paul mochte erkennen, daß er alles
besser planen, aufeinander zuschürzen und entwickeln müsse, um aus
dem Chaos des Menschengewimmels herauszufinden. So gibt er Ottomar
recht, der den Menschen für ein Flickwerk hält, und läßt den Roman auch
eines werden – wenn auch kein abscheuliches. Hinzu kommt, daß er inzwischen schon mit Notizen für einen zweiten Roman begonnen hatte,
denn er wollte die Fehler, die er beim ersten noch gemacht hatte, vermeiden und alles bis ins Detail festlegen und bändigen.

Wohin aber mit diesem ersten großen Packen? Jean Paul wickelte ihn in
schwarzes Wachstuch und schickte ihn an Karl Philipp Moritz, den Verfasser des «Anton Reiser» und des «Andreas Hartknopf», zweier Romane, die Jean Paul mit besonderer Begeisterung gelesen hatte, mühte
sich in ihnen doch ebenfalls ein verarmter Held aus einfachen Verhältnissen unter schweren Anstrengungen bis zu einem stattlichen Wissen und
Denken hoch. In Moritz glaubte er einen «ähnlichen» Menschen gefunden zu haben, einen, der schon acht haben würde auf die Welten seiner
Romane. Ein kleines Wunder ist es, daß er recht behielt. Denn – fragt der
Biograph – hätte nicht Moritz, der in den Tagen, als er den Packen erhielt,
sich gerade um eine Braut und dazu noch um die Tochter eines Verlegers
bemühte, anderes zu tun und zu denken und zu fühlen gehabt? Hätte er
nicht Brief und Manuskript beiseite legen können? Gewiß – es kam aber
anders. Schon Jean Pauls Brief machte ihn neugierig, noch mehr aber der

Packen von Geschriebenem. «Aber nein», soll er ausgerufen haben, «das ist noch über Goethe, das ist ganz was Neues!» [67]

So drängelten sich bald seine erstaunten Brüder heran, er ließ sie aber nicht zum Mitlesen kommen, sondern ging erst alles selbst durch, hob das schönste bis zum ersten Pfingsttag auf und lud dann alle in sein kleines Observatorium ein, das er sich über der eigenen Wohnung hatte aufbauen lassen, wo er Gustavs Auferstehungsszene mit aller Empfindung vortrug, eine Szene, die der Biograph dem Leser bereits zur Lektüre empfohlen hat (beinahe möchte er hinzufügen: man solle solche Szenen – wie Moritz – in Observatorien, im Freien, auf Höhen usw. lesen, da diese ihren planetarischen Ausblicken gut entsprechen). Schon einen Monat später erhält der bisher bettelarme Jean Paul 30 Dukaten aus Berlin, bei Drucklegung sollten noch einmal 70 Dukaten nachkommen. Kann sich der Leser vorstellen, wie eilig er es hatte, mit dem Geldregen von Schwarzenbach nach Hof zu eilen, um der Mutter, die all die Jahre nur gegeben, aber nichts empfangen hatte, etwas hinzulegen? Im Januar 1793 wurde *Die unsichtbare Loge. Eine Biographie von Jean Paul* gedruckt. Aber da saß der Autor schon mehr als drei Monate an seinem zweiten Roman.

# «Hundposttage»

So hat nun für Jean Paul das Jahrzehnt der großen Romane begonnen, aber nichts wäre für den Leser ermüdender, als ihm nun einen Roman nach dem anderen vorzuführen. Der Biograph will vielmehr in jedem Fall etwas anderes zeigen. So soll beim zweiten Roman, dem *Hesperus*, interessieren, wie Jean Paul vorging, wenn er an einem solchen Werk arbeitete. Der Biograph will die Werkstatt erkunden und mit dem Leser einen Blick in Entwürfe, Exzerpte, Hefte und Notizblätter werfen. Gemeinsam wollen sie sehen, wie etwas Großes entsteht.

Es beginnt am 15. Mai 1792 mit einem Notat der wichtigsten Themen: *Freundschaft, Liebe und Kampf für politische Freiheit («Republik»)* [68]. Jean Paul stellt sich ein Freundespaar vor, das gegensätzlich denkt und gegensätzlich empfindet. Sie mögen sich, aber sie sind zu verschieden, als daß sie sich immer verstehen könnten. Zur Darstellung der Mißverständnisse hat er eine neue Gestalt erfunden: die Freundin des einen, die zugleich die Schwester des anderen ist. Von diesen Verhältnissen wissen die Freunde nichts: beide lieben dieselbe Schöne, die aber in Wahrheit die Schwester des einen ist. Der Leser wird verstehen, daß aus diesen komplizierten Verhältnissen allerhand Funken zu schlagen waren. So konnten sich die beiden Helden ihre gemeinsame Liebe zu der Schönen zunächst verbergen, so konnte der eine erraten, daß es dem anderen ebenso ernst war wie ihm, so konnten sie heftig in Streit miteinander verfallen, weil der eine gegenüber dem anderen nicht offen und ehrlich erschien, und so konnte der eine endlich in Erfahrung bringen, daß der andere der Bruder der Schönen war, er selbst also hemmungslos lieben dürfe, was der andere aber nicht wußte, so daß er noch mehr in Zorn geriet. Die Schöne selbst aber sollte wissen, daß der eine ihr Bruder, der andere aber auch nicht der war, für den er sich hielt, sondern ... In diesem intensiven Hin und Her spielen die dramatischen Geschichten und Verwicklungen, die – gleichsam über viele Stufen und Leitungen – mit den Geschichten der größeren Gesellschaft verquickt sind.

Seit dem 20. Juni 1792 hatte Jean Paul schon ein zweites Heft mit Entwürfen geführt, in dem er wie in einem Steinbruch weitergehende Ideen hortete. Hier tauchte zunächst die Idee eines Klubs von Freunden auf, die mit den hohen Idealen politischer Freiheit beschäftigt waren; gegen diesen Klub sollte nun ein anderer, intriganter, despotischer, arbeiten, der von den Vorgängen in der Residenzstadt und am Hof ebenfalls ein streng gehütetes Wissen hatte. Beide Klubs sollten gleichsam um die Zukunft des Fürstentums wetteifern, und es ist selbstverständlich, daß die beiden Freunde in diesem Streitfall eine besonders herausragende Rolle erhielten. Jean Paul dachte sie sich genialisch, exzentrisch, mit jenem teilweise egoistischen Geniefieber und Genieeifer, der in den siebziger Jahren Mode gewesen war. Auch der Klub der Guten war so leicht nicht immer in Eintracht verbunden; vielmehr rieben sich auch diese Menschen an ihren kleinen Nuancen, Eigenheiten und persönlichen Eifersüchteleien.

Nachdem er sich einige Szenen und Motive ausgedacht und diese in knappen Bemerkungen, die sich heute wie Zitate einer nur für ihn geschaffenen Geheimsprache lesen, zurechtgelegt hatte, machte er sich in einem dritten Entwurfheft am 8. August 1792 daran, die Charaktere festzulegen. Jede Gestalt erhielt eine bestimmte Grundfarbe, bestimmte Eigenschaften; seiner Hauptfigur, Viktor, widmete er dabei beinahe sieben Seiten, was zeigt, wie genau und gründlich er diesmal alles anlegen wollte, um nicht wieder – wie bei der *Unsichtbaren Loge* – abbrechen und krank werden zu müssen. Mitte September entstand dann ein Übersichtsplan über die Handlung und die Reihenfolge der einzelnen Szenen; an diesem Plan wurde jedoch während des Ausarbeitens noch weiter verändert und gebosselt, Jean Paul ging das alles unaufhörlich im Kopf herum, seine Romanidee war eine unablässig arbeitende Mühle, und das Wasser, das gewälzt wurde, bestand aus den Massen an Stoff und Figuren, die wieder hineinsollten – in den Roman. Am 21. September 1792 begann er bei schlechtem Wetter mit der Niederschrift. Am Ende hatte er weit über 6000 einzelne Notizen gesammelt, aber er war jetzt besser vorbereitet auf das Kommende als früher, und er konnte es geschickter lenken.

Woher aber nahm er alles? – Viktor, die Hauptfigur, wollte er zu einem Abdruck seines eigenen Ichs machen, in dem drei Seelen miteinander stritten, die *humoristische, empfindsame und philosophische*[69], so, *daß seine negativ-elektrische Philosophie mit seinem positiv-elektrischen Enthusiasmus immer um das Gleichgewicht zu kämpfen hatte*[70]. Gerade Viktor aber hat eine besondere Art zu lieben, der Erzähler nennt es die *Gesamt- oder Zugleichliebe* oder die *Simultan- und Tuttiliebe*[71]. Ihm, dem philosophischen Büchernarren, dem empfindsamen Menschenfreund und beginnenden Weltmann, will es nämlich nicht gelingen, bei einer Liebe haltzumachen. Schon die erste Liebe hat ihn *durch ihr Magnetisieren mit der ganzen Weiber-Welt in Rapport gesetzt*. Das ist für den unduldsamen Leser nicht leicht zu verstehen, denn Viktor ist kein Don Juan, kein Frauenheld oder Schürzenjäger. Er versetzt sich vielmehr durch seine anhaltende Empfindsamkeit in viele Schönheiten zugleich, er versteht ihre Leiden und fühlt vieles so lange mit, bis er sich der Schönen beinahe zwangsläufig angenähert hat und ihren Launen verfallen ist. Gut tut er daran, dieses Totallieben zu verstecken und nicht jeder zu gestehen, wie es um ihn bestellt ist. Seine Liebe jedoch hat er von Jean Paul – und das muß bewiesen werden.

Der Biograph hatte schon angedeutet, wie sehr dieser Autor dem Schreiben und Arbeiten verfallen war. Er konnte nicht anders – und so blieb wenig Zeit für das Lieben und Schwärmen. Gerade Jean Paul aber war – wenn er von seinen skeptischen, satirischen, essigsauren Naturen absah – ein empfindsamer, mitleidender und mitfühlender Charakter, der, einmal in die Nähe der Frauen geraten, schnell zu entzünden war. Solange ihm die Arbeit die Aussicht auf das andere Geschlecht versperrte, war nichts zu machen. Schon Anfang des Jahres 1790 jedoch hatte ein steigendes Herzensrumoren begonnen, als er in Hof Amöne Herold, die spätere Frau seines Freundes Christian Otto, deren Schwester Karoline, Renate Wirth und Helene Köhler kennengelernt hatte. *Die erotische Akademie*, die durch Lehren und Vorlesen, durch Schwärmerei und Empfindsamkeit, zusammenwuchs, brachte ihn aber von dem Gedanken der einen Liebe ab. Sie hätte seinem allgewaltigen Fühlen und Denken auch wenig entsprochen. Wie sich gerade in der Jugend zwei Liebende häufig dadurch finden, daß sie die übrige Welt, Freunde, Überfluß, Vielfalt, entbehren, und wie diese beiden Liebenden dann gern aneinander hängenbleiben wie zwei zusammengeleimte Hälften, die eigentlich zu einer Sache, der Ehe nämlich, zusammengehören – so war es bei Jean Paul gerade umgekehrt. Die Vielfalt der Welt, der Überfluß, die Freuden brauchte und konnte er nicht mehr in einem Menschen suchen – er hatte genug davon im eigenen Kopf. So gelang es ihm nicht mehr, sich einem Menschen anzupassen, nur mit diesem im Gleichklang zu fühlen; jede weibliche Schönheit, die fähig war, in einem Buch zu lesen und darüber ein paar heftige Worte zu wechseln, setzte die Vielfalt seines Inneren in Bewegung – daher geriet er vom Schwärmen ins Schwärmen, und es wäre dem Zustand nicht abzuhelfen gewesen, hätte er sich nicht hingesetzt, um diese Frauen in ein Buch zu komponieren und sie Viktor, dem Helden des *Hesperus*, anzudichten.

Auch der Kampf mit dem Freund um eine besondere Leidenschaft, eine besonders Erwählte, hatte biographische Ursachen, Jean Paul hatte lange genug den Blick auf Amöne Herold geworfen, sie ins Konzert begleitet, mit ihr musiziert und häufig unter zurückgehaltenen Tränen ihr Elternhaus verlassen, bis er ihr endlich seine Liebe gestanden, sie sich aber von ihm abgewandt hatte, da sie in Christian Otto einen ihr ähnlichen Freund entdeckt hatte. Diese Liebesschmerzen begleiteten die Entstehung des *Hesperus* und gingen in die zentrale Dreiergeschichte, die Freundschaft zwischen Viktor und Flamin und ihre beiderseitige Liebe zu Klothilde, ein. Überhaupt könnte man vielen Gestalten dieses Romans Züge von Bekannten und Freunden unterlegen, dem großen Erzieher Emanuel (Dahore) etwa die von Karl Philipp Moritz, dem Lord Horion

*Helene Köhler.*
*Gemälde*

die des alten Herold. Aber Jean Paul hat aus all diesen Menschen und seinen Privatgeschichten dann doch andere, höhere, literarische gemacht. Er selbst hat diese Überhöhung *Idealisierung* genannt, es ist aber anderes damit gemeint als heute. Denn er hält seine Gestalten gleichsam in die siedende Wärme hoher Empfindungen, er intensiviert ihr Fühlen, er treibt ihre Handlungen auf die Spitze, damit sie in all ihren Reaktionen deutlich zu sehen sind. Keineswegs aber macht er sie besser, schöner, keineswegs verbirgt er ihre Schwächen – im Gegenteil. Er läßt sie nur in besonderen Situationen handeln, er führt sie an die Grenzen ihrer Innerlichkeit, nimmt dem einen den Freund, der Liebenden den Geliebten, den Freunden den Erzieher, dem Sohn den Vater. Trennungen, Wiedersehen, Sterben und Lieben führen in gespannte, beinahe ekstatisch erlebte Situationen, wenden das Innerste der Figuren um, stellen sie auf jede nur denkbare Probe. Und wieder will der Autor Jean Paul von diesen Geschichten nicht allzu weit entfernt sein, so daß er den Erzähler Jean Paul erfindet, der auf einer Insel sitzt und dem ein Hund blatt- und stoßweise die Fortsetzungen der Ereignisse zuträgt, damit der Erzähler sie umgießt in poetisches Feuer. *45 Hundposttage* ist deshalb der zweite Titel des Romans, denn jeder Posttag stellt eine Sendung dar, die dem Erzähler von einem, der mit *Knef* unterzeichnet (der Leser wird den Dr. Fenk in

*Johann Gottfried von Herder.*
*Gemälde von A. Graff*

ihm erkennen) zugespielt wird. So leidet der Erzähler mit seinen Figuren, er überlegt, wie es wohl vorwärtsgehen könnte (wenn die Hundssendungen ausbleiben), und er stürzt sich am Ende gar selber ins Geschehen, als er die Erwartung und Spannung nicht mehr ertragen kann.

Noch einen letzten Blick soll der Leser in die Werkstatt werfen. Natürlich hatte Jean Paul von anderen Autoren und aus anderen Werken vielerlei aufgegriffen. Die Geschichte des revolutionären Klubs war ihm etwa bei der Lektüre des dreibändigen Romans «Dya-Na-Sore oder die Wanderer», der 1787 bis 1789 anonym erschienen und ein Werk des heute unbekannten Friedrich Wilhelm von Meyern war, aufgegangen. Die Manier der Schilderung hatte er aus den Werken des hochverehrten Sterne gelernt, Motive auch aus Fieldings Romanen entnommen, die Schwierigkeiten bei der Schilderung des Hoflebens, das er aus eigener Anschauung noch nicht kannte, durch Lektüre von Werken Wielands zu meistern gesucht. Überhaupt war er ja durch seine Vielleserei auf allerhand vorbereitet, und er wollte es auch dem Leser nicht leichter machen. So sind den *Hundposttagen* einige *Schalttage* eingeschoben, an denen sich der Erzähler mit dem Leser in ein philosophisches, weltgeschichtliches oder satirisches Laboratorium zurückziehen muß, um weitreichende Fragen zu beantworten – wie: *Müssen Traktaten gehalten werden, oder ist es genug, daß man sie macht?*; es werden an diesen Schalttagen auch *Wetterbeobachtungen über den Menschen* gemacht oder der Leser wird eingeladen *Über die Wüste und das gelobte Land des Menschengeschlechts* nachzudenken: *Bei der fürchterlichen Ungleichheit der Völker in Macht, Reichtum, Kultur*

54

*kann nur ein allgemeines Stürmen aus allen Kompaß-Ecken sich mit einer
dauerhaften Windstille beschließen. Ein ewiges Gleichgewicht von Europa
setzt ein Gleichgewicht der vier übrigen Weltteile voraus, welches man,
kleine Librationen abgerechnet, unserer Kugel versprechen kann. Man
wird künftig ebensowenig einen Wilden als eine Insel entdecken. Ein Volk
muß das andere aus seinen Tölpeljahren ziehen.*[72]

Aber auch diese tiefsinnigen geschichtsphilosophischen Winke, die so
weit über die Zeit hinausgreifen, haben keinerlei gemeinsames Maß mehr
mit ihren Quellen und Ursprüngen. Wie Jean Paul die biographischen
Wurzeln in einer idealischen Erde aufgehen ließ, so machte er aus den
literarischen einen eigenen Kosmos. Niemand hatte zuvor etwas Ver-
gleichbares geschrieben, kein Autor hatte solche Szenen erfunden wie
den Tod Emanuels, die Treffen auf der *Insel der Verheißung*, die Pfingst-
tage in Maienthal, Viktors Leichenrede, kaum einer hatte die Stimmung
seiner Zeit, das revolutionäre Fieber, das zwischen den Intrigen, Hofszenen, Wanderungen und Liebesschwüren aufflackerte, Pulvertürme
sprengen ließ und den jungen Flamin zu dem Entschluß trieb, das Volk
zur Revolution aufzurufen, so sehr getroffen.

Der Biograph und der Leser werfen einen letzten Blick in die Werkstatt: da sitzt der junge Jean Paul seit dem 21. September 1792 an seinem
zweiten Roman, einen Tag später wird in Frankreich die Republik ausgerufen, Jean Paul schreibt und führt den Leser ins Haus des Pfarrers Ey-
mann in St. Lüne, wo Flamin und Viktor sich dauernde Treue schwören, er
zeigt uns Klothilde und den Junker Matthieu, der die Intrigen planen wird,
und während er schreibt, verliebt er sich doch immer mehr in Amöne
Herold, er weiß nicht wohin mit dieser Liebe, und daher schreibt er noch
schneller und intensiver weiter und läßt Viktor seine *Sabbathwochen* in
St. Lüne verbringen, bis er als Hofarzt in die Flachsenfinger Residenz
gerufen wird, während für den Autor Jean Paul der *trübste Tag* kommt, der
Tag, als er erfährt, daß Christian Otto und Amöne Herold sich ihre Liebe
längst gestanden haben – da will er schon resignieren, aber arbeiten will er
um so heftiger, denn nur die Arbeit zieht ihn von den privaten Sorgen
weg, während in Frankreich der König hingerichtet wird. Jean Paul reißt
sich mit allen Mitteln von seinen Qualen los, und diese Mittel sind literarische, so daß er unermüdlich weiterschreibt, bis er dem Freund Christian
Otto, der alles begutachten soll, den ersten Teil schickt und in den Brief
hineinschreibt: *Meine ganze gegenwärtige Seele ist mit allem Inneren, was
mich glüklich und nicht glüklich macht, und was du nicht mit dem äusseren
kleinen Bürgerleben und meinem äussern Schein vermengen darfst, diese
ist so wie die Wirkungen der Tage, durch die ich gieng, in diese Blätter und
in die künftigen hineingedrückt.*[73] Und während Otto noch liest und sich
Anmerkungen zur Kritik macht, die Jean Paul später überprüfen und
nach denen er seine Ausarbeitung korrigieren wird, verlobt sich unser
Autor mit Amönes jüngerer Schwester, Karoline Herold, die erst fünf-

*Johann Wilhelm
Ludwig Gleim.
Gemälde von
J. H. Ramberg*

zehn Jahre alt ist, reist auch einmal nach Bayreuth, schreibt in Schwarzenbach weiter, bis die Erziehertätigkeit dort aufhört und er im Mai 1794
nach Hof zurückeilt, um dort einige Kinder zu unterrichten, ansonsten
aber weiterzuschreiben in einer kleinen Stube, von Regalen umzäunt und
von Tauben, die herumflatterten, ebensowenig gestört wie von den Arbeiten der Mutter. In der Mitte des Jahres 1794 hat er es geschafft, und im
August schickt er alles an Matzdorff in Berlin, lieber hätte er es dem
Freund Karl Philipp Moritz geschickt, aber der war im April 1793 gestorben. Matzdorff nimmt das Manuskript an, und jetzt wartet Jean Paul auf
baldige Wirkungen, während die Verbindung mit Karoline immer kälter
und schließlich wieder getrennt wird. Dafür aber waren die Wirkungen
des Romans außerordentlich; er wurde zum größten Bucherfolg dieser
Zeit, und alle nahmen den *Hesperus* zur Hand, um sich in die Helden zu
vertiefen, noch auf dem Sterbebett wollten einige Leser daraus hören,
Gefangene nahmen es mit in die Haft, und Leserinnen, die ihre Erregung

nicht mehr beherrschen konnten, schrieben an den Verfasser und breiteten ihre Empfindungen aus. Auch nach Weimar kamen Exemplare des «wunderlichen Werkes», wie Goethe, der sich nicht mit ihm anfreunden konnte, es nannte, während Wieland es mehrmals las und alles andere beiseite legte, Herder aber zwei Tage lang nicht zum Arbeiten kam vor Ergriffenheit, und Gleim einen Tag und eine Nacht ohne Unterbrechung darin las, bis ihn die Erschöpfung einhalten ließ. Nun waren alle auf den Verfasser, der noch immer in Hof hockte und an weitere Werke dachte, neugierig geworden. Mit einem so großen Überblick hatte noch kein Deutscher seine Zeit in den Roman verpflanzt; denn die Figuren handelten nicht in einem fernen asiatischen Land, sondern sie waren als Zeitgenossen zu erkennen, und ihre heftigen Gefühle konnten die Leser nachvollziehen, mochten sie sich auch an den zahlreichen gelehrten Abschweifungen und *Schalttagen* stören. *Hesperus oder die 45 Hundposttage* wurde zum Gefühlskompendium des revolutionären Zeitalters in Deutschland.

# Phantasie-, Gerichts- und Ehetage

Schon im Februar 1795 schaut Jean Paul auf seine Arbeiten zurück. Was ist da entstanden – und wie? In einer ästhetischen Abhandlung – *Über die natürliche Magie der Einbildungskraft* – untersucht er das Träumen, das Phantasieren, das Dichten. Denn erst der Traum holt aus den verborgenen Tagen der Kindheit und des vergangenen Lebens Eindrücke, die unendlicher, lebhafter und kräftiger sind als die der matten Gegenwart; der Traum ist das *Tempe-Tal und Mutterland der Phantasie* [74]. Aus diesen tiefen Bildern des Unbewußten nimmt die magische Wirkung der Phantasie ihre Kraft: *Alle Personen, die bloß auf dem Zauberboden der Phantasie stehen, verklären sich unbeschreiblich vor uns, z. B. Tote – Abwesende – Unbekannte. – Der Held einer Biographie sei uns noch so treu vorgezeichnet: gleich wohl fängt ihn unsere metamorphotische Einbildung größer auf, als unsere plane Netzhaut ihn malen würde.* [75] *So zieht das Fernrohr der Phantasie einen bunten Diffusionsraum um die glücklichen Inseln der Vergangenheit, um das gelobte Land der Zukunft.* [76]

Schon im Alltag mischt sich die phantasierende Empfindung manchmal ins Gefühl, bei Freudenfesten, im Rausch, besonders aber in der Liebe; im Dichten aber ist sie vollends erst gar nicht mehr zu bremsen: *Leute, deren Kopf voll poetischer Kreaturen ist, finden auch außerhalb dessen keine geringern. Dem echten Dichter ist das ganze Leben dramatisch, alle Nachbarn sind ihm Charaktere, alle fremden Schmerzen sind ihm Süße der Illusion, alles erscheint ihm beweglich, erhoben, arkadisch, fliehend und froh, und er kommt nie darhinter, wie bürgerlich-eng einem armen Archivsekretär mit sechs Kindern – gesetzt er wäre das selber – zumute ist.* [77]

Derart genau blickt Jean Paul auf seine Arbeiten zurück, daß er – beinahe exakt psychologisch – entdeckt, wie es ihm ergangen ist. Aus dem kleinen armseligen deutschen Alltag hat er große Szenen gefiltert, die Enge zu einer beinahe kalifornischen Weite gedehnt, Spaziergänge von Residenzstädtchen in Maienthäler zu kosmischen Ausflügen erweitert. So hat er sich aus den Nestern von Schwarzenbach und Hof in die von St. Lüne und Flachsenfingen hinausphantasiert, tief ins Traumreich einsteigend, in das auch seine Gestalten dann und wann versinken, um dort mehr zu erkennen als auf der Erde. Warum – so fragt er aber weiter – erregt das Phantasieren uns so? Weil die Phantasie ans Unendliche reicht,

Leben
des
Quintus Fixlein,
aus funfzehn Zettelkästen gezogen;
nebst
einem Mußtheil und einigen
Jus de tablette,
von
Jean Paul,
Verfasser der Mumien und der Hundsposttage.

Bayreuth, 1796.
bei Johann Andreas Lübecks Erben.

*Titelblatt der ersten Auflage
von «Quintus Fixlein»*

weil sie *einen unendlichen Raum und eine unendliche Zeit* entwerfen will; alle Gefühle schleppen diesen Antrieb zum Unendlichen mit sich, sie wollen andauern, eine tiefere Intensität erreichen, durchdringen bis in die letzte Nervenfiber des Menschen – aber gerade die alltägliche Welt zerstört häufig genug dieses Lieben und Freudenschwanken, lindert Schmerzen und Haß. *Was nun unserem Sinne des Grenzenlosen – so will ich immer der Kürze wegen sagen – die scharfabgeteilten Felder der Natur verweigern, das vergönnen ihm die schwimmenden nebligen elysischen der Phantasie.*[78] Im Poetischen nimmt die Phantasie erst die Form des Idealischen an: *Das Idealische in der Poesie ist nichts anders als diese vorgespielte Unendlichkeit; ohne diese Unendlichkeit gibt die Poesie nur platte abgefärbte Schieferabdrücke, aber keine Blumenstücke der hohen Natur. Folglich muß alle*

*Poesie idealisieren: die Teile müssen wirklich, aber das Ganze idealisch sein.*[79]

Hat – so fragt der Biograph – ein Autor in aller Kürze je sein Arbeiten und Handwerken so gut erkannt und hat er die Wirkung, die seine Schriften tun, je so treffend beschrieben? Der ästhetische Aufsatz ist ein Meisterwerk, und er könnte noch heute dazu dienen, allerhand Seelenwirrwarr und Traumspiegelei zu erläutern. Jean Paul fügte ihn einem anderen kleinen Werk, dem *Leben des Quintus Fixlein*, bei. In ihm hatte er sich wieder der bürgerlichen Enge, nämlich dem Leben eines Schulmeisters, zugewandt, der, durch allerlei Mißverständnisse begünstigt, seinen Traum, einmal Pfarrer zu werden, doch noch erfüllt findet.

*Quintus Fixlein* ist ein Buch des zweiten Weges, glücklicher zu werden. Jean Paul kennt davon drei; den ersten führen seine hohen Menschen vor, den zweiten ein gestandener empfindsamer Schulmeister wie Quintus Fixlein, den dritten weiß nur der Autor zu berechnen: *Ich konnte nie mehr als drei Wege, glücklicher (nicht glücklich) zu werden, auskundschaften. Der erste, der in die Höhe geht, ist: so weit über das Gewölke des Lebens hinauszudringen, daß man die ganze äußere Welt mit ihren Wolfsgruben, Beinhäusern und Gewitterableitern von weitem unter seinen Füßen nur wie ein eingeschrumpftes Kindergärtchen liegen sieht. – Der zweite ist: – gerade herabzufallen ins Gärtchen und da sich so einheimisch in eine Furche einzunisten, daß, wenn man aus seinem warmen Lerchennest heraussieht, man ebenfalls keine Wolfsgruben, Beinhäuser und Stangen, sondern nur Ähren erblickt, deren jede für den Nestvogel ein Baum und ein Sonnen- und Regenschirm ist. – Der dritte endlich – den ich für den schwersten und klügsten halte – ist der, mit den beiden andern zu wechseln.*[80]

In den ersten Monaten des Jahres 1795 taumelte Jean Paul zwischen all diesen Wegen hin und her. Gerade hatte er den *Quintus Fixlein* beendet, da drängte sich schon ein anderer Stoff auf, der mehr von der Art des ersten Weges war, den – wie er weiterschrieb – Helden, Republikaner, Genies einschlagen, *kurz jeder Mensch mit einem großen Entschluß oder auch nur mit einer perennierenden Leidenschaft.* Denn der *Hesperus* wirkte noch fort, ja der letzte Band des (in der ersten Auflage) dreibändigen Romans war noch im Satz. So schickte denn der Autor seinen Erzähler Jean Paul, der im *Hesperus* am Ende als Sohn eines Fürsten zu bedeutenden Ehren gekommen war, wiederum nach Flachsenfingen, dorthin, wo *noch alle Gerüste, Kulissen und Opernkleider der ausgespielten Szenen samt dem eng zusammengerollten Theatervorhang der vergangnen Zukunft zu sehen waren.*[81] Die Neugierde treibt diesen Erzähler Richtung Waldkappel, zur Jungfer Europa, einer kolossalen Riesenstatue aus Blei:
*... ich gedenke, unter ihrer Hirnschale meinen Schreibtisch wie ein Nähkissen einzuschrauben und daselbst – indem ich zugleich aus ihren Augenhöhlen die herrlichste Aussicht von der Welt genieße – den größten Teil der gegenwärtigen Belustigungen und Mémoires ungemein heiter abzufas-*

*sen.*[82] Er kommt auch wirklich in diesem Kopf an, wenn auch nach vielem Husten während des langen Aufstiegs im Inneren der Riesin. Von hier aus erzählt er die Geschichte des Grafen Lismore aus Schottland, eines Republikaners, der, aus Begeisterung für die Ziele der Französischen Revolution nach Paris aufgebrochen, im Jahre 1793 beschließt, die Heimreise anzutreten. Dieses Jahr war das des Revolutionstribunals und des Terrors, *da der Statthalter des bösen Gottes, Robespierre, den Tempel der Freiheits-Göttin mit Gräbern unterminierte und da seine und fremde Mineurs sich unter der Erde in Katakomben feindlich begegneten*[83]. In Rouen begegnet Lismore der Gräfin von Mladotta und ihrer Tochter, deren Vater in Paris während der blutigen Unruhen geköpft wurde. Lismore liebt die Tochter und nimmt sie, als ihre Mutter gestorben ist, mit nach Schottland, wo es ihm erst spät gelingt, die Gefühle der um die Mutter Trauernden zu bewegen. *Jean Pauls biographische Belustigungen unter der Gehirnschale einer Riesin* greifen Themen des *Hesperus* auf und erweitern sie bis hin zur Gegenwart des Jahres 1795. Fast scheint es so, als triebe der literarische Stoff seinen Autor zu pausenloser Fortsetzung und Anpassung an die großen Entwicklungen der Zeit. Diesmal jedoch ging er auf die Kritik der Leser ein und sonderte die oft störenden satirischen Anmerkungen aus; sie wurden in einem eigenen Appendix zu den *Biographischen Belustigungen* gesammelt.

Der Biograph muß innehalten – denn zusammen mit dem Leser ist er an einem Punkt der Entwicklung angelangt, wo auch dem Leser einmal das Wort gebührt. Wollte er nicht längst schon klagen über die vielen Abschweifungen, Metaphern und eingeschalteten Extrablätter in den Schriften Jean Pauls? Wollte er nicht Klage und Beschwerde einlegen? Bitte, hier sei es ihm gestattet. Der Leser schnappt endlich nach Luft und beginnt damit, daß es genug bekannt sei, *wie der Büchermacher und Biograph in Hof, Jean Paul, bisher seine Leser und Käufer hintergangen, indem er unter seine Historien die längsten Satiren und Untersuchungen eingeschwärzt, so daß er, wie einige österreichische Fabriken die inländische Ware nur darum zu machen geschienen, um die verbotne satirische damit zu emballieren und abzusetzen*[84]. Der Leser hat sich einen merkwürdigen Stil angewöhnt, aber er soll fortfahren: *Besagter Jean Paul habe ferner oft Leser ins Dampfbad der Rührung geführt und sogleich ins Kühlbad der frostigen Satire hinausgetrieben, da doch wenige darunter Russen wären, die es ausständen. Überhaupt schieb' er ... wenn er sich auf einigen Bogen gut gestellt, sofort eine breite Satire oder Untersuchung unter dem böslichen Namen eines Extrablattes etc. als Ofenschirm zwischen die besten Kaminstücke und Freudenfeuer ein. Er mache sich dadurch unzählige Feinde.*[85] Nun muß aber auch dem Beklagten Jean Paul das Wort erteilt werden, damit er sich verteidige: *Beklagter negiert gänzlich, daß Klägere seine eingeschalteten Digressionen, Satiren etc. lesen müssen: er warnt sie vielmehr stets durch Überschriften oder Leuchtfeuer vor solchen gefährlichen Sand-*

*bänken und Skagerraks, und es ist ihre Schuld, wenn sie diese Riffs nicht umfahren, d. h. umschlagen ...*[86] Bevor Jean Paul fortfahren darf, greift ihm der Biograph ein wenig in die Rede und faßt seine Argumente dahingehend zusammen, daß der Beklagte negiert, daß Klägere und Klägerinnen Satiren nicht fassen können. Klägere sind solche aus vielen politischen Zeitungen gewohnt, Klägerinnen müssen, sollten sie erwachsen oder verehelicht sein, Unsitten der Männer – wie Tabaksrauchen und Satiren – leicht ertragen. Weiterhin läßt der Biograph, der die Sache schlichten und richten muß, gelten, daß der Beklagte nicht anders kann. Er hüpft nun einmal in Bockssprüngen von einem Bein aufs andere, vom empfindsamen aufs satirische und umgekehrt. Schwerer aber gilt noch, daß ihm das Leben selbst seine Sprünge vormacht: *Nicht nur die Wahrheit besteht aus allen Menschen-Systemen zusammengenommen ... sondern auch das rechte Herz ist aus allen ungleichen Gefühlen gebaut und trägt ein Weltall, nicht als Krone, sondern als Stufe. Daher macht der schnelle Wechsel zwischen Ernst und Scherz nur ernster, und wenn man das Buch eines Engländers, worin dieser Wechsel herrscht, beschließt, denkt man, es sei das Leben.*[87] Der Biograph kann gegen diese wichtigen Sätze wenig einwenden, auch er hat an den Werken der Engländer, an denen von Sterne, Swift, Pope und Fielding bestätigt gefunden, was der Beklagte ausgeführt hat. Der Biograph entscheidet jedoch, um beiden Seiten zu gefallen, dahingehend, *daß Beklagter, Jean Paul, Büchermacher, nicht befugt sei, in seinen historischen Bildersälen mitten unter Damen Spaß oder Extrasachen oder andere Sprünge mit seinem ererbten Bocksfuße zu machen*[88], daß er diese *Stachelreden* aber in einem besonderen satirischen *Wirtschafts- und Hintergebäude* seiner Romane unterbringen dürfe, *daß Klägerinnen in Erwägung, daß die Last des Kindergebärens, des Kindersäugens und der Haushaltung sie schon bis an die kalte Erde niederdrücke, von der Lesung seines satirischen Appendixes gänzlich befreit und eximiert sein sollen*[89], daß jedoch Klägere allerhand schlucken müssen, da sie Zeit genug haben zu lesen.

Soviel mußte gesagt und gestritten werden, bevor Biograph und Leser – etwa gerade in der Hälfte des Marsches angelangt – weiterziehen. Denn wie sich der Leser schon denken kann, sitzt Jean Paul längst an etwas Neuem, das er dem Buchhändler Matzdorff in Berlin versprochen hat und von dem anfangs nur der Titel, *Blumen-, Frucht- und Dornenstücke* feststand, wobei an vielerlei Kleinigkeiten und literarisches Gesprengsel gedacht war. Dann wurde aber doch ein großer Roman daraus, etwas ganz anderes als das, was er zuvor gemacht hatte. Eilen die Helden der *Unsichtbaren Loge* und des *Hesperus* von Gipfel zu Gipfel, wirbeln im Hintergrund Haupt- und Staatsaktionen, geht es in allem um hohe Stimmungen, hohe Charaktere und außerordentliche Handlungen, so hält sich der neue Roman, mit dem er im September 1795 begann, wenn auch auf keiner niedrigen, so doch auf einer mittleren Ebene auf. Um das zu erklären,

Blumen-
Frucht- und Dornenstükke
oder
Ehestand, Tod und Hochzeit
des
Armenadvokaten F. St. Siebenkäs
im Reichsmarktflecken Kuhschnappel
von
J e a n   P a u l.

Erstes Bändchen.

Berlin, 1796.
In Carl Matzdorff's Buchhandlung.

*Titelblätter des ersten Bandes der ersten Auflage von «Siebenkäs»*

muß der Biograph vorausgreifen. Denn in den Jahren 1803 und 1804 hat Jean Paul diese ästhetischen Unterschiede selbst in einem größeren Werk, der *Vorschule der Ästhetik*, abgehandelt. Der Biograph will ihn selbst zu Wort kommen lassen.

Im Blick auf den Roman unterscheidet Jean Paul drei Romanschulen, die italienische, die deutsche, die niederländische, die man auch die hohe, die mittlere und die niedere nennen könnte (wodurch aber nichts Wertendes gesagt ist, wie der Leser falsch meint).

In den Romanen der italienischen Schule *fallen die Gestalten und ihre Verhältnisse mit dem Tone und dem Erheben des Dichters in eins. Was er schildert und sprechen läßt, ist nicht von seinem Innern verschieden.*[90] *In diesen Romanen fodert und wählt der höhere Ton ein Erhöhen über die gemeinen Lebens-Tiefen – die größere Freiheit und Allgemeinheit der höhern Stände – weniger Individualisierung – unbestimmtere oder italienische oder natur- oder historisch-ideale Gegenden – hohe Frauen – große Leidenschaften etc. etc.*[91]

Der Roman der niederen oder niederländischen Schule (Beispiele sind

*Wutz, Fixlein*) kennt keine Gleichheit von Erzähler- und Personenstimmung. Hier beugt sich der Erzähler vielmehr über seine auf dem kleinen Theater des Lebens zappelnden, daherschleichenden oder auch stillstehenden Helden aus den unteren Ständen, die nicht einmal zu ihm aufblinzeln, sondern sich nur ums Nächste kümmern, um Haus, Beruf, Weib und Buch.

Zwischen diesen beiden Schulen liegt nun die mittlere, die am schwierigsten zu handhabende, die der deutschen Schule. *Der Held im Roman der deutschen Schule, gleichsam in der Mitte und als Mittler zweier Stände, so wie der Lagen, der Sprachen, der Begebenheiten, und als ein Charakter, welcher weder die Erhabenheit der Gestalten der italienischen Form, noch die komische oder auch ernste Vertiefung der entgegengesetzten niederländischen annimmt, ein solcher Held muß dem Dichter nach zwei Richtungen hin die Mittel, romantisch zu sein, verteuern, ja rauben.*[92] In diesen Romanen soll das bürgerliche Hauswesen, das prosaische Leben, der Alltag eines gebeutelten Kaufmanns, eines ehrgeizigen Spezereiwarenhändlers oder eines dienstverdrossenen Beamten, in ein romantisches, interessierendes Licht getaucht werden. Nichts schwerer als das! Welchen Leser beschäftigen schon die Petitessen, die er selbst am laufenden Band erlebt, und welcher Autor vermag aus diesen Alltäglichkeiten, in die er selbst am meisten verstrickt ist, Abenteuer oder halsbrecherische Ereignisse zu ziehen?

Wo war also im bürgerlichen Alltag etwas zu finden, dessen Erhellung jeden Leser beschäftigen und dessen Deutung tiefer greifen mochte als bis zum Hausinventar und Stubenvermögen? Jean Paul erkannte, daß die Ehe ein solches Thema war. War sie nicht ein unendliches Wechselspiel aus Leiden und kleinen Freuden und konnte er im psychologischen Duett nicht vielerlei Zeittypisches porträtieren? *Blumen-, Frucht- und Dornenstücke oder Ehestand, Tod und Hochzeit des Armenadvokaten F. St. Siebenkäs* sollte der Roman dann heißen, der Biograph wird ihn jedoch wegen der Länge des Titels nur noch *Siebenkäs* nennen. Auch wird den Leser verwirren, welche Reihenfolge der Ereignisse im langen Titel angedeutet wird. *Ehestand, Tod und Hochzeit* – wie, wird der Leser fragen, müßte es nicht heißen: «Hochzeit, Ehestand und Tod»?

Der Leser wird noch verwirrter sein, wenn er erfährt, daß der Roman wahrhaftig auch mit einer Hochzeit beginnt. Der Armenadvokat Siebenkäs heiratet nämlich Lenette Engelkraut aus Augsburg, er hat dazu den Schulrat Stiefel eingeladen, einige befreundete Handwerker sind erschienen, und am Ende schaut auch der beste Freund des Bräutigams, Heinrich Leibgeber, mit seinem Hund herein, der früher einmal versprochen hatte, zur Hochzeit zu erscheinen. Siebenkäs und Leibgeber sehen einander nicht nur ähnlich, man könnte sie (wenn man dann nicht närrisch würde) für ein und denselben Menschen halten. Ihre Doppelgängerschaft gründet jedoch nicht nur in ihrer körperlichen Ähnlichkeit: *Dieselbe Ver-*

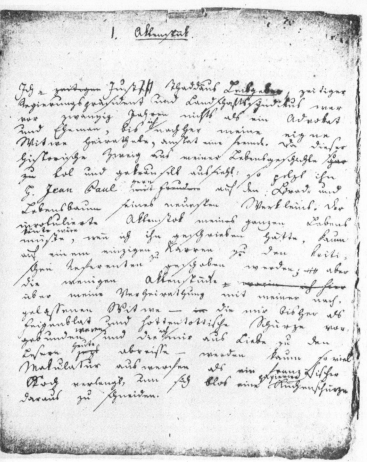

*Ursprünglicher Anfang von «Siebenkäs»*

schmähung der geadelten Kinderpossen des Lebens, dieselbe Anfeindung des Kleinlichen bei aller Schonung des Kleinen, derselbe Ingrimm gegen den ehrlosen Eigennutz, dieselbe Lachlust in der schönen Irrenanstalt der Erde, dieselbe Taubheit gegen die Stimme der Leute, aber nicht der Ehre, dies waren weiter nichts als die ersten Ähnlichkeiten, die sie zu einer in zwei Körper eingepfarrten Seele machten.[93] Vor diesem *Fürstenbund zweier seltsamen Seelen* kann das kleine Kuhschnappel nicht bestehen. Die Freunde halten denn auch alles zum Narren *und machten schöne bürgerliche Sitten zwar richtig nach, aber sehr zum Spaße;* jeder war zugleich *sein eigner spielender Kasperl und seine Frontloge*[94]. Diesen Spaß beziehen sie auch auf sich selbst; während ihres gemeinsamen Studiums haben sie nämlich ihre Namen getauscht, so daß Leibgeber eigentlich Siebenkäs und Siebenkäs eigentlich Leibgeber heißen müßte, der Biograph macht jedoch den Spaß mit und bleibt bei den nun einmal gewechselten Namen.

Der Leser mag erkennen, wie geschickt Jean Paul sein Erzählproblem gelöst hat. Zum einen beginnt er mit dem Schönsten, was nun einmal vom bürgerlichen Alltag zu erzählen ist, mit der Hochzeit, und tischt dem Leser schon im ersten Gang des Hochzeitsmahls eine Krebssuppe, Rindfleisch, einen Karpfen und eine Pastete auf (vom zweiten Gang ganz zu schweigen), zum zweiten erlauben ihm die distanzierend humoristischen Blicke des Freundespaares, das Ganze nicht alltäglich und platt zu nehmen. So kann er in allem nach Herzenslust feiern und den Leser auf die schönsten Minuten des Tages einstimmen, gleichzeitig aber spaßige Blicke auf das Hochzeitstheater werfen, von dem nun freilich die versammelten Hochzeitsgäste nicht allzuviel mitbekommen dürfen.

Man sehe, sagt der Leser, der vorlauter zu werden beginnt, daß am Anfang doch Hochzeit und Glück steht – wie ist es mit dem verdammten Titel? Der Biograph muß mehr vom Roman verraten, um zu erklären. Zwar haben Siebenkäs und Lenette am Anfang alle Freuden genossen, doch ist es bald mit diesen vorbei; Leibgeber verschwindet wieder, die Hochzeitsgäste sind im Dorf verteilt, eine Erbschaft, mit der Siebenkäs fest (zu weiterem Glück) gerechnet hatte, bleibt aus und wird ihm vorenthalten. Alles wendet sich ins Trübe, und hinzu kommt, daß der dreiste Patrizius Rosa von Meyern auftritt und die arme Lenette mit Schmeicheleien überhäuft, so daß ihn der Schulrat Stiefel endlich vertreiben muß. Zudem hat sich Siebenkäs an einige schriftstellerische Aufgaben gemacht, er arbeitet an der *Auswahl aus des Teufels Papieren*, die der aufmerksame Leser als Titel eines Jugendwerks Jean Pauls wiedererkennen wird. Aber die Arbeit geht schwer voran, besonders jetzt, wo die Armut zunimmt; ins Haus gebannt, schuftet Siebenkäs an seinen Studien, während Lenette sich um die Hausarbeit kümmert. Aus diesem Ehealltag gehen allmählich die ersten Streitigkeiten hervor. Auch das wäre alltäglich und nicht besonders bemerkenswert. Der Leser mache aber die paar Schritte mit dem Biographen zur Stube des Advokaten und schaue, wie Jean Paul die beiden Eheleute umeinanderkreisen und aufeinanderzusummen läßt.

Am Morgen macht sich Siebenkäs an die Arbeit, bittet aber seine Frau, bei ihren Haustätigkeiten nicht allzu laut zu sein. Sie versucht es auch, aber während sie so durch die Räume *mit leisen Spinnenfüßen* trippelt, *horchte ihr der Schriftsteller überall nach, und sein Ohr und seine Seele liefen, als Schrittzähler an sie angemacht, überall mit ihr herum*, bis er's schließlich nicht mehr aushält und ihr nahelegt, doch wie gewöhnlich zu gehen. *Sie tats und ging fast wie gewöhnlich. Er hätte gern, da er schon den lauten und den leisen Gang abgeschafft, auch gar den mittlern abgeordnet; aber ein Mann widerspricht sich nicht gern an einem Morgen zweimal, sondern nur einmal. Abends ersuchte er sie bloß, sie möchte, solang' er seine Satiren entwerfe, in Socken gehen, besonders weil der Fußboden kühle ...* [95]

So terrorisieren sich die beiden Hausleute im Kleinen, ohne es doch eigentlich zu wollen; der Ehemann sitzt schreibend in der Stube und lauscht jeder Verrichtung der Frau im stillen nach, bis sich die Nerven zu einem Zorngeästel zugespitzt haben, der Schriftsteller aufstöhnt, die Frau alles zusammenpackt – und nach einer Weile der Streit von neuem losgeht. *Kleine Zänkereien vor der Ehe sind große in ihr.* [96] Mit der Zeit nehmen diese Zänkereien zu, Siebenkäs und Lenette, die sich anfangs so ungestört liebten, stören sich nun in ihren Launen, und besonders Siebenkäs wird immer unzufriedener mit der Gattin, weil diese nicht so gelehrt ist wie er, überhaupt ein Buch nicht gern anrührt, seine Aufsätze nicht beachtet oder gar liest und selbst im *lyrischen Enthusiasmus der Liebe* nicht gewillt ist, den kleinen Alltag zu vergessen: *... sie konnte die Stadtuhr zählen unter seinen Küssen und nach dem überkochenden Fleischtopf hinhorchen und hinlaufen mit allen großen Tränen in den Augen, die er durch eine schöne Geschichte oder Predigt aus dem zerfließenden Herzen gedrückt.* [97]

Der Leser sieht aber aus allem, daß sich der Autor Jean Paul mit seiner Geschichte ebenso quält wie Siebenkäs mit seiner Lenette. Denn sein Held ist eher eine Gestalt des hohen Romans, ein auftrumpfender Phantast, der leidenschaftlich an allem hängt, während Lenette putzt und schürzt und in die mittlere Romanschule gehört. Ist es wunderlich, daß beide immer mehr auseinandertreiben – Siebenkäs und Lenette nämlich? Längst hat Siebenkäs erkannt, daß sie nicht zueinanderpassen, daß die Ehe eine Art Mißverständnis war, daß seine Frau viel eher dem Schulrat Stiefel zuzutrauen sei, auf dessen Worte sie achtgibt und an dessen Schultern sie sich manchmal ausweint. Auch der Autor Jean Paul hat Erbarmen mit Siebenkäs und schickt ihm eine Einladung Leibgebers nach Bayreuth, damit er endlich, nachdem er nur noch schriftlich mit seiner Frau verkehrt, in andere Stimmungen, in Maistimmungen, hohe und italienische komme, was dem Autor lieb gewesen sein wird. So wandert Siebenkäs wahrhaftig los: *Durch das Gehen nahm das Schwindeln mehr ab als zu. In der Seele stieg eine überirdische Sonne mit der zweiten am Himmel. In jedem Tal, in jedem Wäldchen, auf jeder Höhe warf er einige pressende Ringe von der engen Puppe des winterlichen Lebens und Kummers ab und faltete die nassen Ober- und Unterflügel auf und ließ sich von den Mailüften mit vier ausgedehnten Schwingen in den Himmel unter tiefere Tagschmetterlinge und über höhere Blumen wehen.* [98] Auch Jean Paul liebte das Gehen und Reisen nach Bayreuth. Schon 1793 hatte er auf einer solchen Reise einen seiner besten Freunde, Emanuel Samuel, kennengelernt. In den folgenden Jahren freute er sich besonders, wenn er in die Stadt eingeladen wurde; er machte es wie Siebenkäs und flog sofort hin, zu Samuel, zum Buchhändler Lübeck, der den *Quintus Fixlein* verlegte, zur Gräfin Christiane Lichnowsky, der zu Ehren er gar eine kleine Arbeit, den *Traum im Traume*, schrieb, der später im *Siebenkäs* eingerückt wurde. Auch dessen Held findet in Bayreuth ja den Freund, Leibgeber, dazu aber noch eine Schöne, die ihm besser gefällt als Lenette, Natalie nämlich, die aber mit Rosa von Meyern verlobt ist.

Der Leser erkennt nun leicht, wie sich der Roman der deutschen Schule immer mehr in einen der italienischen verwandelt, denn Natalie lebt und liebt auf einer anderen Ebene als Lenette. Man käme aber nie zu einem befriedigenden Ende, wenn der geniale Leibgeber nicht den besten Einfall hätte, den nämlich, daß Siebenkäs sich nach seiner Rückkehr nach Kuhschnappel krank stellen und endlich eines scheinbaren Todes sterben solle, um endlich doch die geliebte Natalie heiraten zu können. Großzügig tritt er dem Freund auch seine Stelle als Inspektor des Grafen Vaduz ab.

So hat Jean Paul nun doch wieder eine Gelegenheit gefunden, den Tod zu beschwören; Siebenkäs folgt dem Rat Leitgebers, und während der Krankheitstage treiben die beiden Freunde ihr groteskes und kurioses Spiel, nutzen ihre Doppelgängerrolle nach Kräften aus, lassen ein Testament diktieren, einen leeren Sarg beerdigen und jagen bei all diesen Verrichtungen den Einwohnern Kuhschnappels ungemeinen Schrecken ein. Lenette heiratet nach dem Scheintod des Siebenkäs den Schulrat Stiefel und lebt noch mit dem Geld aus der Witwenkasse des Totgeglaubten. Daher braucht am Ende nur noch die in diese grotesken Scherze mit dem Leben, an denen sich übrigens manche frommen Leser heftig entzündeten, uneingeweihte Natalie eingeweiht zu werden, damit es endlich zur Hochzeit mit Siebenkäs kommt, woraus der Leser entnehmen mag, daß der Biograph sein Versprechen gehalten hat, den merkwürdigen Untertitel des Romans, *Ehestand, Tod und Hochzeit des Armenadvokaten F. St. Siebenkäs* zu erklären. Freilich mag ihm der Haupttitel *Blumen-, Frucht- und Dornenstücke* noch immer seltsam vorkommen. Er rührt aber daher, daß Jean Paul es nicht lassen konnte, zwischen die Kapitel kleine Erzählungen, Traktate und Abhandlungen einzuschieben, so in dem zweiten Blumenstück das schon bekannte *Der Traum im Traume*, so im ersten die *Rede des todten Christus vom Weltgebäude herab, daß kein Gott sei*, eine ausgearbeitete Vision der Shakespeare-Klage, die der Leser schon kennt, die aber in der neuen Gestalt eine noch größere Dimension annimmt und das atheistische Bild des toten Universums zur grauenerregenden Klage steigert: ... *das ganze geistige Universum wird durch die Hand des Atheismus zersprengt und zerschlagen in zahlenlose quecksilberne Punkte von Ichs, welche blinken, rinnen, irren, zusammen- und auseinanderfliehen, ohne Einheit und Bestand. Niemand ist im All so sehr allein als ein Gottes-*

*leugner – er trauert mit einem verwaiseten Herzen, das den größten Vater verloren ...* [99]

Doch bleibt dieser atheistische Schrecken auch in dieser Dichtung nur ein Schrecken; er macht nachvollziehbar, wie es um den Menschen stünde, wenn er nicht mehr zu glauben vermöchte, er läßt ihn dieses uferlose Zweifeln und die Leere des Alls spüren, damit er später um so stärker die Wärme der Rückkehr in die Sicherheit seines Glaubens empfinde. Dieser wird beibehalten, nicht geopfert, aber dieses Beibehalten liest sich für einen heutigen Leser so, als sollte gesagt werden: «du mußt glauben, sonst ist nichts mehr.» Jean Paul hat als einer der ersten diesen Schrecken so gemalt, als könnte er über den Glauben Überhand gewinnen; mit seiner Dichtung beginnt der nihilistsiche Zweifel, den der Biograph jedoch nicht fortsetzen mag, da Jean Paul während der Arbeit am *Siebenkäs* einen bedeutsamen Brief erhalten hat. Der Brief kommt aus Weimar, Charlotte von Kalb hat ihn geschrieben, und sie drückt in ihm ihre Bewunderung für die Schriften unseres Autors aus, vergißt auch nicht hinzuzufügen, daß Wieland und Herder diese Bewunderung teilten. Nun eilt Jean Paul; am 8. Juni 1796 schickt er den letzten Band des *Siebenkäs* an den Verleger Matzdorff, einen Tag später bricht er nach Weimar auf, womit eine neue Epoche in seinem Leben anhebt.

# Weimar und Rom

Auch der Biograph atmet ein wenig auf, weil er Jean Paul nun endlich einmal (wenigstens für drei Wochen) aus Hof wegreisen und den Kontakt mit den Großen suchen sieht. Am 10. Juni trifft er in Weimar ein, sein erster Höflichkeitsbrief geht an Charlotte von Kalb: *Endlich, gnädige Frau, hab' ich die Himmelsthore aufgedrükt und stehe mitten in Weimar. – Ich bin noch nicht aus der Reisekruste heraus, so nehme ich schon die Feder zur bittenden Frage, welche einsame Stunde – denn zwischen dem ersten Sehen solte nie das dritte Paar Augen stehen – Sie mir vergönnen.*[100] Am nächsten Morgen gegen elf Uhr empfängt sie ihn, allein, wie er es sich gedacht hat. Enthusiastisch begrüßt sie ihn, sie ist mit vielen Schriftstellern damals zumindest in brieflichem Kontakt, sie spürt den Neuigkeiten nach, empfindlich und wach. Jean Paul hat so etwas noch nie gesehen, und der Leser wird mitstaunen, wenn er erfährt, daß Charlotte von Kalb so spricht, wie Herder in den Briefen zur Humanität schreibt, so deutlich, stark. Sie lacht viel, beinahe drei Viertel der Zeit bringt sie mit Lachen hin, vielleicht ist auch sie, die große Kennerin, etwas nervös oder nervenschwach, wenn sie aber ernst ist, hebt sie die *grossen fast ganz zugesunknen Augenlieder himlisch in die Höhe*[101]. Wer wollte nicht – fragt der Biograph – als Autor von solchen Frauen gelesen, angesprochen, zum Essen eingeladen und herumgeführt werden? Aber es sind noch andere Frauen in Weimar, die um die Gunst Jean Pauls buhlen: *Ach hier sind Weiber! Auch habe ich sie alle zum Freunde, der ganze Hof bis zum Herzog lieset mich.*[102] Schon am Nachmittag ist er wieder bei Charlotte von Kalb, und da hat sich auch der Kammerherr der Herzogin, Karl Ludwig von Knebel, eingefunden. Obwohl sie sich ja noch nie gesehen haben, umarmen sie sich herzlich. Überhaupt sind die Begrüßungen in Weimar etwas Seltsames, sie ähneln gar nicht denen unserer Zeit, aber sie müssen offener und freundschaftlicher gewesen sein als heute. So trifft man gegen 5 Uhr schon auf Herder, der mit seiner Frau und zwei Kindern zufällig vorbeikommt. Jean Paul kann sich nicht halten. Herders Schriften hat er, wie der Leser weiß, schon in der Jugend mit allem Vergnügen gelesen, er wird es sein Leben lang tun – nun aber steht der Große vor ihm. Jean Paul küßt und umarmt ihn, ohne sich lange zu gedulden, die Tränen treten so ordentlich hervor, daß selbst Knebel, der dabeisteht, einige vergießt. Auch

*Charlotte von Kalb. Gemälde von J. F. A. Tischbein*

Herder spricht so, wie er in den Humanitätsbriefen schreibt, so daß es Jean Paul nicht schwerfällt, mitzuhalten und in einen Sturm literarischer Begeisterung auszubrechen. Und während Herder ihm unablässig die Hand drückt und Jean Pauls Werke von den frühesten, den *Grönländischen Prozessen* bis zum *Hesperus* mit allem Feuer erwähnt und nachfragt nach kleinen Stellen und also endlich ein gebildeter und begeisterter Leser vor unserem Autor steht, dem er beinahe fünf Stunden Rede und Antwort gibt, und während sich alle zu Frau von Kalb begeben, um dort zu speisen und viel Wein zu trinken und republikanisch-freie Reden zu führen und der Leser sich *Wein, Ernst, Spot, Wiz und Laune* dieses *verschwelgten Abends* einmal vorstellen mag, hat auch die Herzogin von der Ankunft Jean Pauls erfahren, was in einem Residenzstädtchen von knapp mehr als 6000 Einwohnern kein Wunder ist. Auch bei ihr muß er tafeln, an

Herders Seite ist er sowieso fast die ganze Zeit, und die Frau von Kalb leitet weitere Besuche und Tafeln ein. Sie hat ihm geraten, Goethe gegenüber eher kalt und bedächtig zu sein, und Jean Paul geht auch wirklich hin, aus Neugierde. *Sein Haus (Pallast) frappiert, es ist das einzige in Weimar in italienischem Geschmak, mit solchen Treppen, ein Pantheon vol Bilder und Statuen, eine Kühle der Angst presset die Brust – endlich trit der Gott her, kalt, einsylbig, ohne Akzent. Sagt Knebel z. B., die Franzosen ziehen in Rom ein. «Hm!» sagt der Gott. Seine Gestalt ist markig und feurig, sein Auge ein Licht (aber ohne eine angenehme Farbe). Aber endlich schürete ihn nicht blos der Champagner sondern die Gespräche über die Kunst, Publikum usw. sofort an, und – man war bei Göthe.*[103] Am Ende liest der Große den Gästen sogar ein Gedicht vor, so daß der enthusiastische Jean Paul aufzutauen beginnt. Er wird zu einem weiteren Essen eingeladen, es ist ihm aber nicht entgangen, daß Goethe entsetzlich *frisset* und daß er mit *dem feinsten Geschmak gekleidet* ist. Jean Paul könnte überhaupt, wenn er Lust dazu verspürte, von Tafel zu Tafel eilen. Alle wollen ihn sehen, und er kommt aus dem Trinken von Wein und englischem Bier gar nicht mehr heraus.

Diese Nähe der Großen, ihre Bewunderung, das literarische Feuer der Damen tun ihm wohl. Er sieht nun nicht mehr mit Respekt auf das Treiben in Weimar, er fürchtet sich nicht, er erkennt, daß sie so behandelt werden wollen wie andere Menschen auch. Ja, er ist glücklich, wie er an den Freund Christian Otto schreibt, *ganz glüklich, Otto, ganz, nicht blos über alle Erwartung, auch über alle Beschreibung und nichts fehlet mir mehr in der weiten Welt als Du, aber auch nur du*[104].

Hätte er es sich so einmal träumen lassen, als er noch in Leipzig saß während des Studiums, als er unbekannt und bettelarm in Hof bei der Mutter lebte und unaufhörlich las, exzerpierte und schrieb? Nein, nie – er kann das Wunderbare dieses Aufenthalts kaum in Worte fassen; was er im stillen bemerkt ist nur, daß ihm alles neu vorkommt und er, aus dem Käfig der Hofer Stätte entlassen, aus dem Leben zu lernen beginnt, was er zuvor nur aus Büchern kannte: *Ich habe in Weimar zwanzig Jahre in wenigen Tagen verlebt – meine Menschenkentnis ist wie ein Pilz Manshoch in die Höhe geschossen.*[105]

Meerwunder, ganz unbegreifliche, unerhörte Dinge wird er Otto zu erzählen haben: wie Herder mit ihm gesprochen, was Frau von Stein gesagt, wie die Schauspielerin Schröter auf ihn gewirkt und wie er am Ende zu einem Bruder seines Leipziger Freundes Friedrich von Oertel zog, wohin ihm die Frau von Kalb zum Frühstück sechs Flaschen Wein und englisches Bier geschickt hatte. Zwei Zimmer bewohnt er dort, *besser meubliert als eines im Modejournal*, in jedem Zimmer ist Licht, ein Bedienter eilt, wenn es einem gefällt, zu Hilfe, sogar ein Nachtstuhl steht am Bett. Er zählt die Tage nicht mehr, er fällt von einem Himmel in den anderen, schreibt Liebesbilletts an die Frau von Kalb, schwirrt zwischen Herders,

*Goethe.
Kreidezeichnung
von J. H. Lips*

**Goethes Haus am Frauenplan in Weimar**

arum stehen sie davor?
t nicht Thüre da und Thor?

Kämen sie getrost herein
Würden wohl empfangen seyn
Goethe 1828

*Das Treppenhaus in Goethes Haus*

Knebel, Einsiedel, der Herzogin und Oertel hin und her, und kann es nicht fassen: *Die Lust wirret die Tage in einen Flok, in dem alle Fäden sind, ausgenommen den der Ariadne.*[106] Endlich wird er auch von Schiller empfangen: *Seine Gestalt ist verworren, hartkräftig, vol Eksteine, vol scharfer schneidender Kräfte, aber ohne Liebe. Er spricht beinahe so vortreflich als er schreibt. Er war ungewöhnlich gefällig und sezte mich (durch seinen Antrag) auf der Stelle zu einem Kollaborator der Horen um ...*[107]

Das Angebot Schillers, an den «Horen», der gemeinsam mit Goethe herausgegebenen Zeitschrift, mitzuarbeiten, mochte Jean Paul sehr ehrenvoll vorkommen, in Wahrheit aber steckte hinter diesem Angebot auch ein Quentchen Taktik. Schiller versuchte nämlich, Jean Paul für eine Zusammenarbeit, die in einer gemeinsamen ästhetischen und politischen Haltung gründen sollte, einzunehmen. Jean Paul aber neigte eher zu einer anderen Gemeinschaft, der republikanischen mit Herder, Wieland und Charlotte von Kalb nämlich, die der antirepublikanischen, streng ästhetischen, an den Idealen der Antike orientierten Schillers und Goethes entgegengesetzt war. Beide galten Herder als tugendarme, nur an Fragen der ästhetischen, nicht aber moralischen Erziehung des Menschen interessierte Autoren, deren Arbeiten er immer mehr ablehnte. Offen hatte Herder die Mitarbeit an den «Horen» gekündigt, das Verhältnis zu Goethe, das früher sehr herzlich gewesen war, verarmte.

Derartige Intrigen und Auseinandersetzungen warfen neue Lichter auf den *Luststrudel* der Weimarer Tage. Jean Paul schwor sich, das eigene Urteil nicht ängstlich zu verbergen: *Ein Urtheil, das ein Herder, Wieland, Göthe usw. fält, wird so bestritten wie jedes andere, das noch abgerechnet daß die 3 Thurmspizen unserer Litteratur einander-meiden. Kurz ich bin nicht mehr dum. Auch werd' ich mich jezt vor keinem grossen Man mehr ängstlich bücken, blos vor dem Tugendhaftesten.*[108]

Was aber wurde denn über unseren Autor getuschelt? Goethe empfahl ihn an Schiller weiter, Schiller aber bemerkte deutlich, daß da einer nach Weimar gekommen war, der fremd wirkte «wie einer, der aus dem Mond gefallen ist, voll guten Willens und herzlich geneigt, die Dinge außer sich zu sehen, nur nicht mit dem Organ, womit man sieht»[109]. Goethe schätzte die «Wahrheitsliebe» Jean Pauls, aber auch ihm war nicht entgangen, daß da ein «wunderliches Wesen», schwer zu fassen, gesellig, aber theoretisierend, einen Kontakt suchte, von dem man nicht genau wissen konnte, was einmal daraus werde. Später hat er ihm einige bösartige Zeilen nachgezischt, hat ihn mit einem «Chinesen in Rom» verglichen; aber der Biograph will sich von derart unerfreulichen Ränken fernhalten und eilt lieber mit Jean Paul, der nicht so dünkelhaft war wie der, der sich für einen Römer und Weimar für Rom hielt, aus Weimar zurück nach Hof, was ihm nach der Rückkehr nun freilich so winzig und unbedeutend vorgekommen sein mag wie Kuhschnappel dem guten Siebenkäs, als er aus Bayreuth heimkehrte. In Hof macht er sich gleich daran, seine Weimarer Eindrücke zu verarbeiten, und da eine zweite Auflage des *Quintus Fixlein* geplant ist, packt er alles in die *Geschichte meiner Vorrede zur zweiten Auflage des Quintus Fixlein*; die kleine Schrift erscheint dann sogar getrennt vom Hauptwerk.

Jean Paul malt in ihr eines seiner Lieblingsmotive, einen ausgedehnten Spaziergang von Hof nach Bayreuth, den er gleichzeitig dazu nutzen will, seine Vorrede zu schreiben. Unterwegs trifft er auf den Kunstrat Fraischdörfer aus Haarhaar, einen hauptberuflichen Rezensenten und ästhetischen Kritikus: *Wie man einen Kürbis in einen Karpfenteich als Karpfen-*

*Friedrich Schiller. Gemälde von J. F. A. Tischbein. (Ausschnitt)*

*futter einsetzt: so senkt er seinen nahrhaften Kopf in manches ausgehungerte Journalistikum ein als Bouillonkugel.*[110] In Gegenwart eines solchen Rezensentenmonsters hält man sich im allgemeinen besser zurück; auch Jean Paul tut es, verheimlicht seinen Namen und gibt sich als Egidius Zebedäus Fixlein aus. Fraischdörfer läßt indessen seinen ästhetischen Meinungen freien Lauf; diese sind ebenso hohl wie erschreckend, kritisiert er doch an der Anlage eines Dorfes nur die ästhetische Gestalt und wünscht sich die Häuser «mehr zum Beschauen als zum Bewohnen»: *Er wunderte sich überhaupt, wie der König Dörfer leiden konnte; und gestand frei, es mach' ihm als Artisten eben kein Mißvergnügen, wenn eine ganze Stadt in Rauch aufginge, weil er alsdann doch die Hoffnung einer neuen schönern fasse.*[111]

Durch solche Reden und seine kleinen Ausfälle gegen den nicht anwesend vermuteten Jean Paul macht Fraischdörfer sich dem Erzähler freilich immer verhaßter; und während der aufgeblasene Rezensent und Schönheitsartist *als ein ausgebälgter, gutgetrockneter, mit Äther gefüllter Vogel im Naturalien-Glasschrank* den Erzähler gerade von den Schönheiten des Spaziergangs abbringt, gerät dieser immer mehr in Zorn, zumal Fraischdörfer bald behauptet, *es gebe weiter keine schöne Form als die griechische, die man durch Verzicht auf die Materie am leichtesten erreiche*, ja es komme der Form so wenig auf den Inhalt an, *daß sie kaum einen brauche, wie schon der reine Wille eine Form ohne alle Materie sei*, und man müsse berhaupt *aus der Form immer mehr alle Fülle auskernen und ausspelzen, venn anders ein Kunstwerk jene Vollkommenheit erreichen solle, die Schiller fordere, daß es nämlich den Menschen zum Spiele und zum Ernste leich frei und tauglich nachlasse.*[112]

Es wird den Leser nicht erstaunen, wenn Jean Paul auf solche Worte hin mit leisem innerlichem Fluchen beginnt: *Du elende frostige Lothssalzäule! Du ausgehöhlter Hohlbohrer voller Herzen! Ausgeblasenes Lerhen-Ei, aus dem nie das Schicksal ein vollschlagendes, auffliegendes, reudentrunknes Herz ausbrüten kann! Sage, was du willst, denn ich chreibe, was ich will.*[113] Gut also, daß die beiden endlich Berneck erreichen und dort auf Pauline Oehrmann treffen, die den Erzähler, da sie ihm in der Vorrede zum *Siebenkäs* schon einmal begegnet ist, gut kennt und hn als *Herrn Jean Paul* auch sofort herzlich begrüßt, was den Kunstrat Fraischdörfer rot werden läßt wie einen *warmen Krebs*. Er macht sich lenn aus Verlegenheit gleich aus dem Staube, und wir werden ihm erst in einem späteren Roman wieder begegnen.

Der Biograph wird den Leser nicht daran erinnern müssen, daß dieses satirische Spiel auf Weimar gemünzt und als Kritik des Griechenkults wie als Kritik der Bevorzugung der ästhetischen Form vor dem mannigfaltigeren Inhalt gedacht war. Viele spätere Interpreten haben dagegen tadelnd den Finger erhoben und lange zu beweisen versucht, daß Jean Paul mit dieser Kritik nicht ins Ganze, ins Volle getroffen, daß er die ästhetische Theorie Schillers und auch Goethes gewichtige ästhetische Meinungen

*Christoph Martin Wieland.*
*Gemälde von J. F. A. Tischbein*

mißverstanden und es sich zu leichtgemacht habe. Der Biograph steht jedoch ganz auf der Seite des Autors, wie man sich denken kann. Spätere Interpreten sitzen nämlich zum Zweck solcher Beweise jahrelang auf ihren Hinterteilen und ziehen aus den gesammelten Werken Schillers, aus Goethes Schriften und aus den Fußnoten beider Elemente allerhand aufleuchtendes Metall; dafür entbehren sie einen dreiwöchigen Aufenthalt in Weimar wie den, den Jean Paul gerade hinter sich hatte. Letzterer ironisierte und satirisierte ja nichts anderes als seine Eindrücke, und er dachte nicht im Ernst daran, Schiller und Goethe für alle Zeit mangelndes Kunstverständnis nachzuweisen oder ihre Theorien gar im Ganzen zu treffen. Hat er nicht den «Wilhelm Meister» mehrmals gelesen und hochgeschätzt? Hatte er nicht an Goethes und Schillers Gedichten sein reines Vergnügen? Die Interpreten denken zu trocken; sie verwechseln die lebendige Geschichte mit der der Literatur und sie haben den *Luststrudel* und die kleinen Intrigen in Weimar zu wenig vor Augen, da sie zu sehr an ihre Abhandlungen denken. Immerhin kritisierte Jean Paul in der *Geschichte meiner Vorrede* einen ästhetischen Genuß, der nichts als die Form im Blick hat und den Menschen, der sie bewohnen und füllen muß, darüber vergißt, dem Kriege nichts sind als willkommene Darstellungen von Schlachtengemälden und der überhaupt mehr sich selbst, den ästhetischen Egoismus, als dessen Aufgaben festhält. Der Leser mag historische Beispiele für ein solches Denken in Mengen selber finden.

Nun sitzt aber Jean Paul wieder in Hof, die Gemahlin des russischen Gesandten in Dänemark, Julie von Krüdener, besucht ihn und macht einen starken Eindruck, es kommen noch immer Briefe aus Weimar, Herder schickt einige Bände seiner Schriften, Frau von Kalb hat einiges zu loben und einiges zu kritisieren, Jean Paul reist ab und zu nach Bayreuth, um dort zumindest den Nachsommer der großen Welt aufzuschnappen. Er arbeitet auch an einigen kürzeren Werken, am *Jubelsenior*, an der Umarbeitung der zweiten Auflage des *Hesperus*, an einer Abhandlung über das Thema der Unsterblichkeit der Seele, *Das Kampaner Thal* – währenddessen gehen ihm jedoch schon die Ideen zu einem Roman im Kopf herum, der sein bedeutendster, sein *General- und Kardinalroman* werden soll. Schon im *Siebenkäs* hat er auf ihn hingewiesen, in kleinen Winken und Fußnoten, auch in der *Geschichte meiner Vorrede* ist von einem Buch die Rede, das er nun bald unter dem Namen *Titan* herausbringen werde. Bereits 1792 hatte er sich ein Studienheft, *Das Genie* überschrieben, angelegt, in dem die ersten Motive für das große Werk zu erkennen sind. Doch der Aufenthalt in Weimar hat Hunderte von neuen Ideen hinzugefügt. Am 13. Juni 1797 schreibt er über den Beginn der Ausarbeitung an Friedrich von Oertel: *Ich füge nun die stükweise seit 4 Jahren gesammelten Gebeine zu einem Knochengebäude (Plane) für meinen Mahmuth=Titan zusammen: dan überzieh' ichs mit seinem Nerven= und Adernsystem.*[114]

Der Leser wird später erfahren, wie dieses Planen und Ausarbeiten vor

*Julie von Krüdener. Gemälde von A. Kauffmann*

sich ging, vorerst muß er Jean Paul während seiner letzten Hofer Tage begleiten.

Im Juli hatte ihn Emilie von Berlepsch, eine von seinen Schriften begeisterte Leserin und Schriftstellerin, besucht. Er ist von ihr sehr angetan und macht auch schon die ersten Zukunftspläne: *Die Berlepsch deren Lob ich verspare, wil mich im August nach Leipzig mitnehmen: sie ist moralischer und schöner als die Krüdner und Kalb, aber nicht so genialisch.*[115] Inzwischen schreibt er ihr sehnsüchtige Briefe: *Nein, Theuerste, so leicht vergess' ich nicht, und so leicht werden Sie nicht vergessen. Aus meinem Herzen durfte nie eine schöne Seele weichen, und keine, die ich liebte, und keine, die gelitten hatte – wie könte Ihr Bild ...*[116] In diesem Stil geht es weiter, der Biograph erspart es dem Leser, weil der diesen Ton aus eigenen Liebensdingen wenigstens in platten Abdrücken kennen mag. Jedenfalls besucht Jean Paul Emilie schon bald nach dem ersten Kennenlernen in Franzensbad, und er wäre lange geblieben, wäre nicht seine Mutter in Hof (am 25. Juli 1797) gestorben. Dafür eilt er im August wieder für eine Woche dorthin, und Emilie besucht ihn Ende dieses Monats in Hof. Da scheinen sich beide endgültig darüber verständigt zu haben, den Winter gemeinsam in Leipzig zu verbringen. Da Jean Paul nach dem Tod der Mutter nichts mehr im kleinen Hof zu halten vermag, macht er den Vorsatz wahr. Ende Oktober 1797 zieht er nach Leipzig um und nimmt Abschied von seinem treuen Jugendfreund Christian Otto, der ihm all die Jahre lang mit viel Liebe und gutem Rat zu Hilfe gekommen, seine Bücher als erster Leser und Lektor inspiziert und überhaupt die meiste Aufmerksamkeit auf den Freund verwendet hatte: *Mein leztes Wort an dich is noch: sei muthig, strebe gegen kränkliche Phantasien mänlich an und trete wie ich immer muthiger und weiter ins thätige Leben hinein, damit deine Kraft noch mehr andern und dadurch dir nüze. Und so mit diesem Wunsche, mit diesen Hofnungen, mein Unvergeslicher, mein ewig Geliebter, schliesse sich für mich meine Jugendzeit und wir wollen von einander gehen und schweigen.*[117]

# Die «Treppe zum Ehebette»

Erst kurz vor Weihnachten 1797 trifft dann auch Emilie von Berlepsch in Leipzig ein. Bis dahin muß Jean Paul sich noch gedulden, aber es ist die Frage, ob es ihm viel ausgemacht hat. Er lernt Paul Thieriot, den späteren Freund, kennen, er besucht den Philosophen Platner, dessen Vorlesungen er während der Studienzeit gehört hatte, er wird zu Bällen und Tee-Soupers geladen, auch arbeitet er an einem neuen kleineren Werk, den *Palingenesien*. Eigentlich hatte er darin seine Satirensammlung *Auswahl aus des Teufels Papieren* – umgearbeitet und teilweise neu gestaltet – zum zweiten Druck bringen wollen. Aber er fügt dann doch nur einige dieser Satiren als «Werke» in eine Reiseerzählung ein, als deren Autor Siebenkäs fungieren darf. So zieht er das personale Inventar seiner Phantasien von einem Werk zum nächsten mit, und der Leser, der durch Zufall bei der Lektüre des *Siebenkäs* vielleicht schon neugierig auf die Schriften des Armenadvokaten geworden war, erhält hier nun einigen Aufschluß. Auch Leibgeber, der humoristische Doppelgänger, wird in einem offenen Brief gleich zu Anfang des Werkes begrüßt, Nataliens Grüße werden ausgerichtet und solche an Fixlein mitgegeben.

Der Autor Jean Paul beginnt indessen, sich auf die Ankunft Emiliens vorzubereiten: *Um es zu wissen, wie man eine Seele liebt, mus man sich die Hofnung des Wiedersehens wegträumen und dan die Hand auf den beraubten Busen legen und ihn fragen, ob er nicht breche – ich habe mich schon gefragt, Emilie . . .*[118] So fragt er es sich in einem Brief im November, auch gesteht er seinem Freund Christian Otto, daß er noch von keiner Frau so geliebt worden sei wie von dieser. Denkt er daran, sie zu heiraten? Es ist kaum zu entscheiden, aber er munkelt in den Briefen an den Freund immerhin davon und schwärmt von einer Zukunft, die er in seinen Werken, in denen er ja schon als verheirateter Erzähler aufgetreten ist, vorweggenommen hat.

Kaum zwei Tage nach Emiliens Ankunft muß er auch Charlotte von Kalb beruhigen, die ebenfalls erfahren zu haben scheint, daß Jean Pauls Heirat bald bevorstehe. Da scheinen sich seine Pläne jedoch bereits wieder verflüchtigt zu haben, wenn er auch seine Heiratsabsichten nicht länger verbergen kann: *Seit dem Tode meiner Mutter sehnet sich meine ganze Seele nach der Wiederkehr der häuslichen Freude, die ich nie dem weltbür-*

*Emilie von Berlepsch.*
*Gemälde*

*gerlichen Leben abgewinne.*[119] Doch versichert er gleichzeitig, wie gern er sich der Stunden mit Charlotte von Kalb erinnere, die *mit einem ewigen Feuer bezeichnet* seien.

Er schwankt, erwärmt sich in Briefen an Freundinnen, die er fern genug weiß, und er wird kühl gegen die, die ihn mit zuviel Feuer umgeben. Emilie klagt bereits, sie überlegt, wie der Freund zu enthusiasmieren wäre, und schlägt ihm vor, sich mit ihr und einer Freundin, die er zudem noch heiraten soll, in einem Landhaus einzuquartieren, dessen Kauf sie aus ihrem Vermögen mitbestreiten will. Es herrscht, wie der Leser bemerkt, ein energisches Tauziehen in Liebeshändeln, das sich endlich auch physisch entlädt: *Sie* (Emilie) *bekam über einige meiner Erklärungen Blutspeien, Ohnmachten, fürchterliche Zustände: ich erlebte Szenen, die noch keine Feder gemalt. Einmal an einem Morgen (den 13 Jenn.) unter dem Machen einer Satire von Leibgeber gieng mein Inneres auseinander: ich kam abends und sagte ihr die Ehe zu. Sie wil thun was ich wil, wil mir das Landgut kaufen wo ich wil, am Neckar, am Rhein, in der Schweiz, im Voigtland.*[120] Da scheint nun alles entschieden zu sein, aber Jean Paul ist sich unsicherer als zuvor, und er bittet die Freunde um schnellen Rat, den er sich aber letztlich dann selbst erteilt. Nein, er hat *keine Leidenschaft für sie,* er nimmt das Eheversprechen zurück und meldet Christian Otto schon im März 1798: ... *ich bin frei, frei, frei und seelig.*[121]

So besucht er, nachdem er die *Palingenesien* beendet hat, in alter Freiheit Otto und den Bayreuther Freund Emanuel noch einmal in Hof, so läßt er sich bei der Dresdener Buchmesse sehen und begrüßt seinen Berliner Verleger Matzdorff, die Antikensammlungen werden besichtigt und die Arbeit am *Titan,* dem großen Werk dieser Jahre, für das er alle Kräfte sammelt, wird stetig vorangetrieben.

Nebenbei hält er sich in Besuchslaune. Es macht ihm großes Vergnügen, von anderen Schriftstellern empfangen und bewirtet zu werden. Er reist deshalb nach Giebichenstein, wo er den Komponisten Johann Friedrich Reichardt kennenlernt, er begrüßt La Fontaine in Halle, und er bleibt beinahe eine Woche bei Ludwig Gleim in Halberstadt. Sie alle sollen ihn lieben, er liebt sie sowieso, und um sich die beiderseitige Zuneigung zu bestätigen, gibt es häufig Tränen beim Abschied.

Im August 1798 entschließt er sich, noch einmal nach Weimar zu reisen; in Jena lernt er Fichte kennen, in Weimar ist Herder ununterbrochen in seiner Nähe, man besucht die Herzogin-Mutter Anna Amalia in Tiefurt, Wieland wird auf seinem Gut Osmannstedt angetroffen, auch Goethe lädt wieder zur Tafel, so daß allerhand Klatsch abfällt, der schnell an Christian Otto weitergeleitet wird: *Apropos ich war auch bei Goethe, der mich mit ganz stärkerer Verbindlichkeit und Freundlichkeit aufnahm als das erstemal: ich war dafür freier, kühner und weniger vol Liebe und darum in mich gegründeter. Er fragte mich nach der Art meiner Arbeiten, weil es völlig seinen Kreis überschreite, – wie mir Fichte gefallen. Auf lezteres: «es ist der gröste neue Scholastiker – zum Poeten wird man geboren, aber zum Philosophen kan man sich machen, wenn man irgend eine Idee zur transzendenten fixen macht – die Neuern machen das Licht zum Gegenstand, den es doch nur zeigen sol» – Er wird nach 4 Monaten den Faust volenden; er sagt, «er könne 6 Monate seine Arbeit voraussagen, weil er sich zu einer solchen Stimmung der Stimmung durch geistliche und leibliche Diätetik vorbereite.»* [122] Auf solche innere Ausgewogenheit kann Jean Paul nur lachend antworten; er braucht keine Stimmung zum Schreiben, erst recht keine Diätetik, sondern höchstens Kaffee, wenn auch nicht so viel Lot auf eine Tasse wie Schiller, der ihn besonders stark schlürft.

Im September reist Jean Paul zurück, Weimar hat wieder einen starken Eindruck hinterlassen, und da er Leipzig noch immer nur wenige angenehme Seiten abgewinnen kann, steht sein Entschluß fest, nach Weimar zu ziehen; im Oktober macht er ihn wahr. Die Nähe Herders mag entscheidend gewesen sein, aber Jean Paul hat viele Freunde in Weimar, vor allem Leserinnen, deren Zuspruch und deren Schmeicheleien er braucht, schon deshalb, weil die Arbeit am *Titan* weitergehen soll und Weimar das gesellschaftliche Spektrum abgibt, das später in literarische Farben umgesetzt werden soll. Emilie von Berlepsch erhält einen Trostbrief, der sie wenig ermuntert haben wird: *Ich hab' ihr in meinem Herzen eine Heiligenkerze geweiht, die Heiligenschein auf sie wirft.* [123] Statt der Berlepsch trifft auch bald eine andere alte Freundin, Charlotte von Kalb, wieder in Wei mar ein; sie will endgültig ernst machen. Hat Jean Paul sie nicht aufgefor dert, nach Weimar zu kommen? Hat er nicht von der *alten Gesinnung* geschrieben, die er ihrem *Herzen entgegenbringe?*

Jean Paul nennt sie *die Titanide,* und er hat in ihr, wie der Name dem Leser verrät, eine Art Lebensentwurf für Gestalten seines großen Ro mans gefunden. Darüber schreibt er an Otto: *Ich meine, ich kan dir nich sagen, mit welcher ernsten Berechnung auf meinen «Titan» das Geschik mich durch alle diese Feuerproben in und ausser mir, durch Weimar und durch gewisse Weiber führt. Jezt kan ich ihn machen, indes ich früher man che Fehler leichter dargestelt und begangen als gesehen hätte.*[124] Es is also eine schriftstellerische Liebe, die in Jean Paul vorherrscht, eine Fort setzung jener *Simultan- und Tuttiliebe,* die Viktor im *Hesperus* pflegte Wie soll der Biograph sie dem Leser nur besser erklären, ohne daß diese Jean Paul für einen Zyniker, einen berechnenden Liebesvirtuosen oder gar einen eitlen Gecken hält?

Jean Pauls Lieben ist eine Art von Träumerei, wohl auch aus Fremdheit gegenüber dem Leben entstanden. Diese Fremdheit überbrückt er durch Herzlichkeit; er will alle Menschen an sich ziehen, sie sollen ihre Falsch heit ablegen – und gemeinsam will man nur noch der Situation folgen, der Empfindung gehorchen. Darin drückt sich wohl auch eine Suche nach Freiheit aus. Der gesellschaftliche Notstand der Standesschranken wird übersprungen, und der Wahn der Liebe bindet selbst ungleiche Personen aneinander. Aber das ist, wie der Biograph schon merkt, längst nicht al les. Jean Paul sympathisiert, er kokettiert nicht. Er liebt sich in eine Vor stellung von der Angebeteten hinein, und es sind erotische Stimmungen, die ihn erst in die rechte Lebensoffenheit versetzen. Freilich kennt er diese noch aus anderen Quellen, nämlich aus literarischen, fremden und eigenen. Nein, er verwechselt nicht die Literatur mit dem Leben, wie ein Voreiliger denken könnte, er verwechselt eher die Passion der Liebe (das Sich-Kennenlernen, die ersten Begegnungen, das allmähliche Bekannt werden) mit der Liebe selbst (ihrer intensiven Dauer, ihrer Sucht nach Unendlichkeit). Daher macht er unaufhörlich nur die ersten Schritte, ver setzt die Freundinnen in heftigste Empfindungen, leidet selbst mit – aber es sind Kreuzwegstationen, die nie zur Erlösung führen. Hat er sich ein mal festgelegt, so zieht er in Kürze das Versprechen wieder zurück – es war ein entscheidender Schritt zuviel. Von sexuellen Abenteuern hält er sich gar völlig fern; seine Sinnlichkeit ist in den Begegnungen, den Flirts, den ungezügelt wirkenden Unterhaltungen versteckt, die seine Freundin nen für offene Angebote und Absichten gehalten haben mögen. Während er sentimentalisiert, dramatisieren sie. So auch Charlotte von Kalb, die sich scheiden lassen will, um ihn zu heiraten; er braucht nicht zu überle gen, es muß nur etwas Zeit vergehen – dann kann er ihr sein «Nein» sa gen. Aber wohin will er am Ende? *Sol ich immer so spielen und hoffen und usschlagen und verfehlen? – Solche Weiber ... verblenden gegen jede stillere weibliche Luna.* [125]

Noch in Leipzig hat er einen literarischen Blick in die Zukunft geworfen. *Jean Pauls Briefe und bevorstehender Lebenslauf* nennt er die kleine Schrift, die er dann in Weimar beendet. *Sonderbar sezt sich das Schiksal an meinen Schreibetisch und tunkt ein. Ich machte in Leipzig einige Briefe voraus fertig, wo mein Landgütlein Mittelspiz oder Spiz vorkam – sieh! Und meine Heirath.* [126]

Im zweiten Teil der *Briefe* phantasiert er sich in einer *Konjektural-Biographie* zu diesem Gütlein Mittelspitz und seiner Rosinette hinüber, die, wie dem Leser auffallen mag, mit einem sehr schlichten Namen ausgestattet wird: *Romantische Namen gehören nur für romantische Stunden; in der stündlichen rauhen Wirklichkeit führet sich ihr Gepräge jämmerlich ab.* [127] Noch ein zweiter Hinweis dient jedoch der Erklärung dieses Namens: *Du liebe, liebe Rosinette: So red' ich dich aus Liebe gegen dich und meine teuere Mutter an, die Rosina hieß.* [128]

Da zeichnet sich also in der imaginierten Zukunftsbeschreibung das Bild einer Frau ab, die den *Titaniden* sehr entgegengesetzt ist und eher an die hausfräulich tüchtige und helfende geliebte Mutter erinnert. Seit ihrem Tod scheint Jean Paul der Gedanke an eine Heirat unaufhörlich beschäftigt zu haben. Häufig wünscht er sich in die Ruhe dieses mütterlichen Haushalts zurück, obwohl er das öffentliche Leben in Leipzig und Weimar genießen gelernt hat. In der *Konjektural-Biographie* heiratet er seine Rosinette am Pfingsttag – vorläufig ist aber solch ein Tag ebenso weit fort wie eine geeignete Braut.

Statt dessen meldet sich eine neue Verehrerin, Josephine von Sydow, schriftlich bei ihm, der er, obwohl sie doch nur seine Werke kennt, schon in der ersten Antwort sehr private Dinge zusäuselt: *... ich bin nichts als ein Mensch, nur ein Autor – noch nicht einmal ein Verlobter; daher ich Pfingstkapitel schreibe, um es zu vergessen.* [129] Der Leser weiß nun, was Jean Paul meint, Josephine konnte es nicht ahnen, denn die *Konjektural-Biographie* war noch nicht im Druck erschienen. Als sie dann vorliegt, schickt er sie zuerst an Emilie von Berlepsch, und die wird freilich mehr aus ihr entnommen haben als Josephine, mit der er vorerst nur Briefe wechselt, nicht ohne allerdings ein Treffen im Auge zu haben: *Wir werden uns sehen, theuere Seele – das Schiksal berechne die Zeit – allerdings thu' ich freudig einen Schritt einmal entgegen, und zwar bis – Berlin.* [130]

Diese Sätze schreibt er Ende April 1799, wenige Tage später wird er den ersten Band des *Titan* fertigstellen und die Arbeit am «Komischen Anhang» aufnehmen. Die Hofszenen, die er im *Titan* porträtieren wird, sind jedoch nicht nur den Weimarer und Tiefurter Verhältnissen abgeschaut. Ende Mai reist er nach Hildburghausen, wohin ihn eine Hofdame, Karoline von Feuchtersleben, eingeladen hat. Aber er sitzt nicht nur im Kreis dieser Familie, sondern beinahe ebenso oft im höfischen: *Hier fängt*

Josephine von Sydow.
Pastellbild

*es an, almählig wichtig zu werden. Erstlich denke dir, male dir die himlische Herzogin mit schönen kindlichen Augen – das ganze Gesicht vol Liebe und Reiz und Jugend – mit einer Nachtigallen-Stimrize – und einem Mutterherz – dan denke dir die noch schönere Schwester, die Fürstin von Solms, und eben so gut – und die dritte Schwester, die Fürstin von Thurn und Taxis ... Diese Wesen lieben und lesen mich recht herzlich und wollen nur, daß ich noch 8 Tage bleibe, um die erhaben=schöne 4^{te} Schwester, die Königin von Preussen zu sehen.* [131] Diesen vier Schwestern wird Jean Paul später den *Titan* widmen. Ihnen hat er zu verdanken, daß der Herzog von Hildburghausen ihn zum Legationsrat ernennen wird, was aber nur einen Titel und kein Gehalt einbringt. Hildburghausen geht ihm überhaupt in diesen Sommer- und Herbstwochen des Jahres 1799 nicht aus dem Kopf. *Das edelste weibliche Wesen,* das er gefunden, kann er nicht vergessen. Ende Juli gesteht er es Karoline schriftlich: *Gute Seele, weist du denn, wie ich dich liebe?* [132]

Der Leser mag schon ahnen, wie es vorangeht, da er Rosinette schon aus der vorwärtsdeutenden *Konjektural-Biographie* kennt und ihr Bild nur neben das der Karoline zu halten braucht, um zu bemerken, daß sie sich wenig ähneln. Aber Jean Paul scheint weniger zu ahnen als der Leser, denn er reist im Oktober wieder nach Hildburghausen, um sich mit ihr zu verloben, obwohl der Leser viel dagegen einwendet und auch die adligen Verwandten der Hofdame lamentieren, da sie Karoline nicht einem Bürgerlichen zur Frau geben wollen. Er schreibt an ihre Schwester und an die

Mutter einige aufmunternde Briefe, im Februar 1800 scheint er die Einwilligung der Familie doch trotz aller Bedenken erreicht zu haben. Freund Gleim schickt bereits Geld, um die Hochzeitsausgaben mitzufinanzieren, Karoline selbst erfreut ihn zu seinem Geburtstag im März mit einer gestickten Weste – und der kritische Mai rückt bedenklich näher, in dem er dann, begleitet von Herder und dessen Frau, nach Ilmenau reist, um mit Karoline alle Formalitäten zu regeln und zu besprechen. Es wird nichts daraus – man streitet sich, und selbst Christian Otto darf nur wenig Genaueres von den Hintergründen erfahren: *Ich kan dir unmöglich dieses lange Räthsel, worin nur moralische Karaktere spielen, auflösen. Nun treibt und stürmt mich das Schiksal wieder in ein unbestimtes wüstes Leben hinein in einer innern Verfassung, worüber es keine Worte giebt. Meine Gesundheit ist fest, ob sie wohl in Ilmenau an einer Vormittagsszene wankte. Lebe wohl! Den Freitag geh ich nach Berlin.*[133] Dies schreibt er wenige Tage nach seiner Rückkehr aus Ilmenau bereits in Leipzig, von wo noch ein zweiter Brief an demselben 19. Mai abgegangen zu sein scheint, an Josephine von Sydow nämlich, die ihn in Berlin erwartet.

Etwa einen Monat hielt er sich dort auf, logierte bei Matzdorff, unterhielt sich mit Josephine und besuchte die Königin Luise in Potsdam. Weitere Schriftstellerinnen – wie Esther Bernard, Helmina von Chézy und Rahel Levin – lernte er kennen, der Gedanke an die Ehe wurde niemals aufgegeben: *Aber die Ehe ist meinem Glük und meinem Gewissen unent-*

*Karoline von Feuchtersleben.*
*Aquarell-Miniatur*

*behrlich. Ausser der Ehe verstrikt man sich durch die Phantasie in so viele Verbindungen mit Weibern, die immer eine oder gar zwei Seelen auf einmal beklemmen und unglüklich machen. Mein Herz wil die häusliche Stille meiner Eltern, die nur die Ehe giebt. Es wil keine Heroine – denn ich bin kein Heros –, sondern nur ein liebendes sorgendes Mädgen; denn ich kenne jezt die Dornen an jenen Pracht= und Fackeldisteln, die man genialische Weiber nent.*[134]

Als er Ludwig Gleim diese (vorausgeahnten) Einsichten zukommen läßt, hat er bereits seit einer Woche die Bekanntschaft von Karoline Mayer, der Tochter des Geheimen Obertribunalrats Mayer, gemacht. Sie ist von seiner Güte und Liebe, wie sie ihrer Schwester schreibt, tief beeindruckt. Kurze Zeit später unternimmt er mit der ganzen Familie einen Frühlingsausflug zur Insel Pickelwerder, dann reist er endgültig von Berlin ab zurück über Dessau nach Weimar.

Es wird noch einige Monate dauern, bis seine Einsichten endlich zu lebensnaher Wirklichkeit geläutert sind. Erst stellt er sie noch einige Male auf die Probe. Aber er trennt sich immerhin durch einen beherzten Brief endgültig von Karoline von Feuchtersleben und läßt sich ihr Wachsbild zusenden, wodurch er ihr einen ähnlichen inneren Heiligenaltar errichtet zu haben scheint wie zuvor Emilie von Berlepsch.

Der Leser wird ungeduldig? Er erwartet von dem siebenunddreißigjährigen Jean Paul nun endlich die Heirat? Der Biograph teilt diese Unruhe – aber so geht es Männern, die aus dem Jünglingsalter und dem Jünglingsempfinden nicht hinauskommen, weil sie all die Erfahrungen, die sie längst hätten machen können, eitel oder aus moralischem Rigorismus überschlagen. Daher schwärmt Jean Paul gegenüber jeder Geliebten oder Verlobten in derselben Manier, er durchläuft ähnliche Empfindungen, mag er sie auch in seinen Briefen noch so sehr auseinanderzuhalten versuchen. Nein, er lernt nichts hinzu, weil er nur redet, Hände drückt, Kanapees bewohnt, diesen inneren Kitzel anstachelt, den jedes Vergnügen, geliebt zu werden, bereiten kann, sich aber nie darüber klar wird, wohin dieses Turteln und Lieben führen soll. Der Biograph gönnt es ihm, und gerade er will den Autor am wenigsten dafür tadeln und ihm zur Ehe raten, die er vielleicht am Ende doch nicht will. Aber inzwischen hat sich Christian Otto gemeldet, der dem Biographen schon oft zur Hilfe geeilt ist, und auf seine Einwände hin muß Jean Paul endlich erwidern: *Es ist freilich komisch, daß meine Treppe zum Ehebette ... unendlich=lang sein sol. Ich sorg' indes, in Berlin spring ich hinein; aber es mus blos ein sanftes Mädgen darin liegen, das mir etwas kochen kan und das mit mir lacht und weint. Mehr begehr' ich gar nicht.*[135]

Mußte aber das Begehren nun gar so weit heruntergeschraubt werden, nur weil die Zeit voraneilte und kein Mittelspitz, kein Pfingsten, keine Rosinette zu sehen war? Und wenn – warum läßt er sich dann schon ein paar Tage später wieder in *erotische Verbindungen,* diesmal zu Henriette

*Henriette von Schlabrendorff.*
*Gemälde*

von Schlabrendorff, ein, rückt an den Hof-Brillanten, die ihren Hals schmücken, bis sie das Collier ablegt, läßt sie aber nur *an sich* schlafen, ohne es – wie doch vernünftiger wäre – mit ihr zu tun? Es ist gut, daß er dem Biographen weitere Fragen abnimmt und Tage später nach Berlin umzieht, wo er schon bald die Familie Mayer besucht. Karoline ist zwar bereits verlobt, aber als sie ihn mit der Frage beschäftigt, ob sie sich von dem Verlobten trennen dürfe, erteilt er sofort die beinahe priesterliche Erlaubnis. Gut – nun stehen beide frei einander gegenüber, Rosinette rückt näher, *ein sanftes Mädgen,* am 4. November 1800 werden die letzten Stiegen der langen Treppe genommen: *Einzige! endlich hat mein Herz sein Herz – endlich ist mein Leben gerade und licht. So bleibt es, und niemand könt' uns trennen als wir, und wir thun es nicht.*[136]

Diesmal hält er Wort, noch im November findet die Verlobung statt (Henriette von Schlabrendorff wird krank, als sie davon erfährt, wie viele andere *Titaniden* schon früher), die Königin schickt ein silbernes Teeservice – nun muß nur noch bis zum Mai gewartet werden. Am 27. Mai 1801 heiraten Jean Paul und Karoline Mayer, knapp einen Monat später meldet dann der Verheiratete dem Freund Otto aus Meiningen, wohin die Eheleute von Berlin aus gezogen sind: *Ich kan nicht sagen, daß ich eben zufrieden bin, indes bin ich wenigstens seelig. Die Ehe hat mich so recht tief ins häusliche feste stille runde Leben hineingesezt. Gearbeitet und gelesen sol jezt werden. Das Verlieben kan ausgesezt werden.*[137]

*Jean Paul im 36. Lebensjahr. Gemälde von H. Pfenninger*

Klingt das nach ungetrübter Freude? Und was will einer, der gerade zwei Jahre in Weimar und über acht Monate in Berlin lebte, der Redouten besuchte, Mozarts Opern hörte, mit Herder und Wieland disputierte, mehrere *Titaniden* abwehrte und gleichzeitig zu lieben verstand, die Erstaufführung von Schillers «Piccolomini» und von «Wallensteins Tod» sah, mit Friedrich Heinrich Jacobi in vielen Briefen über die neueste Philosophie, besonders aber über die Fichtes stritt, was will einer, der den Beginn des neuen Jahrhunderts am Hof der Herzogin Anna Amalia erlebte, von Friedrich Schlegel besucht wurde, in den Berliner Salons durch seine Unterhaltungskunst glänzte, Schleiermachers Predigten las und hörte, *in allen gelehrten Zirkeln, Vielecken und Dreiecken* zu Hause war, mit Friedrich Gentz und dem Minister von Hardenberg dinierte und mit Tieck, Fichte und der Schlegelschen Partei flanierte, was soll also einer, der in all der Zeit viele kleinere Erzählungen, Abhandlungen und zwei Bände des *Titan* samt Anhängen fertiggestellt hatte – was soll so einer plötzlich in Meiningen? Mit dem dritten Band des *Titan* schnell beginnen, damit der Roman bald beendet werden kann? Mit dem Herzog von Meiningen dinieren? Auch das – im ganzen wird die Antwort aber lauten: Jean Paul zieht sich von den großen Szenen und dem öffentlichen Leben zurück. Er lebt unter *unbefangenen Menschen,* hält die Ehe für *die Reife der Liebe, seelig und stil* geht es zu: *Die Ehe überwächset mich immer einsamer mit ihrem Blütengesträuch. Sonst ertrug ich die gesellige Leere – die fürchterlich algegenwärtig ist –, weil ich verliebte Fülle suchte. Jezt brauch' ich nichts als die Trink=Leere.*[138]

Langsam findet er also wieder zur Heimat zurück, die alten Freunde rücken näher, im Juni 1803 zieht man nach Coburg um und im August 1804 endgültig nach Bayreuth, von wo sich Jean Paul nur noch zu kleineren Reisen fortbewegen wollte.

# General- und Kardinallektüre

Nun ist der Leser neugierig genug auf die Schreibarbeit der letzten Jahre, in denen nach dem bisherigen Verlauf der Darstellung beinahe nur geliebt, verlobt, entlobt und endlich auch geheiratet wurde. Er hat schon erfahren, daß dieses Schreiben vor allem der Ausarbeitung, Planung und Niederschrift des *Titan* galt, der dann seit dem Mai 1800 Band für Band bis zum Jahre 1803 erschien. Jean Paul hatte diesmal so viel Mühe auf die Charakterzeichnung und die Handlungsführung verwandt wie noch bei keinem seiner anderen Romane. Noch am 8. März 1799 schrieb er an Thieriot, daß der Plan *fester und weiter und verschränkter werden* solle *als irgend ein deutscher* [139].

In einem anderen Brief präzisierte er die Probleme: *Jeder Karakter sol eine Geschichte für sich formieren (z. B. Roquairol, Schoppe usw.), die aber in der Hauptgeschichte nur ein Kronrad, kein Zifferblatsrad wird; dieses Ineinanderschieben der Geschichten macht alles so schwer.* [140] Um dieses *Ineinanderschieben* vor Augen zu behalten, legte er sich einen Gesamtplan an, auf dem die Geschichten der einzelnen Gestalten nebeneinander fixiert wurden. Angeregt durch Goethes zuvor erschienenen «Wilhelm Meister», der ebenfalls die Entwicklung des Helden an die Entwicklung mehrerer Lebensgeschichten gekoppelt hatte, wollte Jean Paul in den vier Bänden des *Titan* gleichsam vier große Schritte der Handlung als vier Aufzüge einer dramatischen Szenerie entwerfen.

Der erste Band ist Exposition, er endet mit dem ersten Zusammentreffen von Albano und Roquairol, den beiden Freunden, aus denen später Feinde werden. Die Geschichte dieses Paares bildet das Zentrum des ganzen Romans; ihr Streiten, ihr Kampf um die gemeinsame Geliebte ziehen die Gesellschaft mit hinein. Der Biograph kann auch hier die Stationen nicht alle ausmalen, aber er will doch von dem «hohen» Anfang des Romans berichten, der Szene nämlich, in der der junge Albano von seinen Begleitern Schoppe und Dian auf die Insel Isola Bella im Lago Maggiore geführt wird, um dort seinen vermeintlichen Vater, Don Gaspard, kennenzulernen. *Welch eine Welt! Die Alpen standen wie verbrüderte Riesen der Vorwelt fern in der Vergangenheit verbunden beisammen und hielten hoch der Sonne die glänzenden Schilde der Eisberge entgegen – die Riesen*

*Paul Emil Thieriot.*
*Federzeichnung von*
*E. Hoffmann*

*rugen blaue Gürtel aus Wäldern – und zu ihren Füßen lagen Hügel und*
*Weinberge – und zwischen den Gewölben aus Reben spielten die Morgen-*
*winde mit Kaskaden wie mit wassertaftnen Bändern – und an den Bändern*
*hing der überfüllte Wasserspiegel des Sees von den Bergen nieder, und sie*
*flatterten in den Spiegel, und ein Laubwerk aus Kastanienwäldern faßte ihn*
*ein.*[141]

In diesem Elysium will Gaspard den Sohn begrüßen, der seine Jugend
bei Pflegeeltern erlebte und vor seinem Antritt bei Hofe vom Vater In-
struktionen erhält. Und Gaspard? *Welche Gestalt! – Aus einem vertrock-*
*neten hagern Angesicht erhob sich zwischen Augen, die halb unter den*
*Augenknochen fortbrannten, eine verachtende Nase mit stolzem Wurf – ein*
*Cherub mit dem Keime des Abfalls, ein verschmähender gebietender Geist*
*stand da, der nichts lieben konnte, nicht sein eignes Herz, kaum ein höhe-*
*res, einer von jenen Fürchterlichen, die sich über die Menschen, über das*
*Unglück, über die Erde und über das – Gewissen erheben, und denen es*
*gleich gilt, welches Menschenblut sie hingießen, ob fremdes oder ihres.*[142]

Wie der Leser bemerkt, entspricht dem Titanismus der Landschaft der
Titanismus der Gestalten. Sie alle sind vergrößert gezeichnet, sie ziehen
Momente der vielen Beobachtungen zusammen, die Jean Paul in diesen
Jahren in Weimar und Berlin machte. Das Porträt Don Gaspards ist ein
gutes Beispiel; im Juni 1795 hatte Jean Paul zum erstenmal Schillers Por-

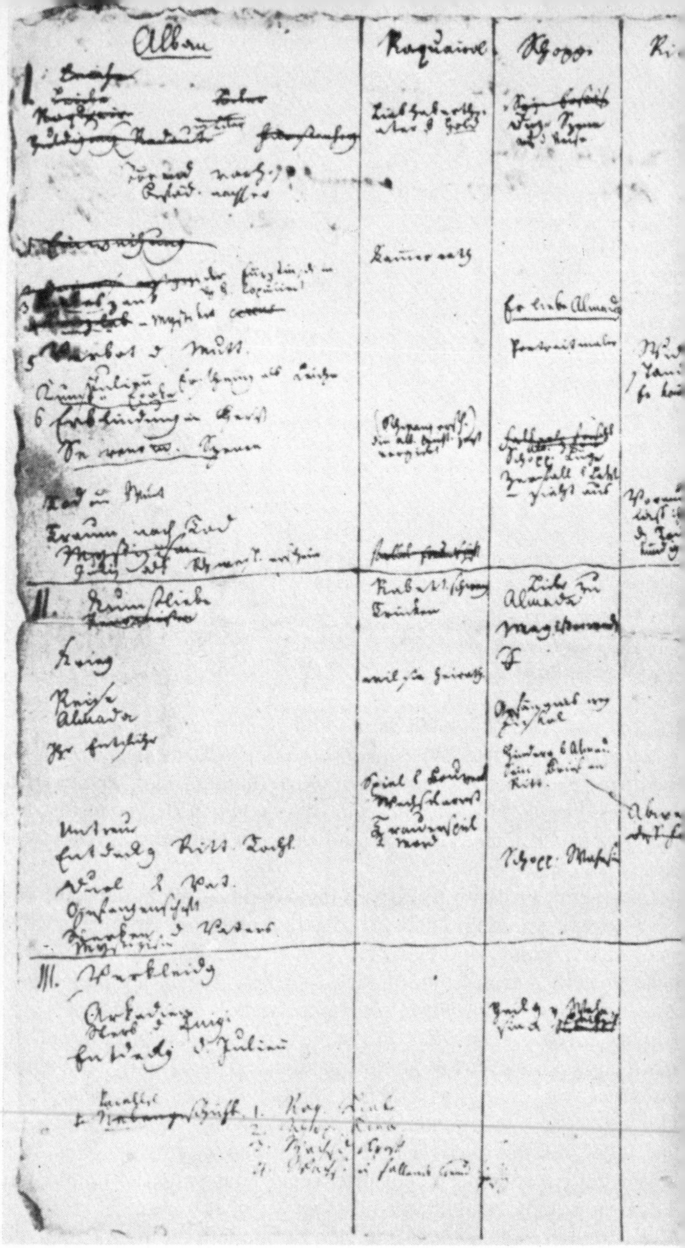

*Gesamtplan zum «Titan»*

*Ansicht von Isola Bella. Kupferstich*

trät auf einer Zeichnung gesehen. Damals hatte er an Otto geschrieben: *Schillers Portrait oder vielmehr seine Nase daran schlug wie ein Bliz in mich ein: es stellet einen Cherubim mit dem Keime des Abfals vor und er scheint sich über alles zu erheben, über die Menschen, über das Unglük und über die – Moral. Ich konte das erhabene Angesicht, dem es einerlei zu sein schien, welches Blut fliesse, fremdes oder eignes, gar nicht sat bekommen.*[143] Der Leser erkennt leicht, wie hier aus einem Porträteindruck ein Romancharakter wurde, aber er macht es sich zu leicht, wenn er nun im weiteren hinter der Gestalt Don Gaspards Friedrich Schiller vermutet. Jean Paul hat keinen Schlüsselroman geschrieben, er hat vielmehr die Atmosphäre der Höfe und der literarischen Zirkel tief in sich eingesaugt und Charaktere erfunden, die in komplizierter Weise aus wirklichen, erfundenen, übertriebenen und durch Lektüre nachgestellten Szenen herausgeschält wurden. Auf diese Weise entstand ein Gesellschaftsroman der Goethe-Zeit, der in der deutschen Literatur keinen Vergleich zuläßt. Jean Paul überspitzte, er setzte das Erlebte und das Erfundene der Weite großer Landschaften, kleiner Residenzstädte, den gesellschaftlichen Intrigen zweier Fürstenhäuser und den sozialen Kämpfen in einem kleinen Reich aus, das, mikroskopisch und detailfreudig betrachtet, zu einem Spiegel des Zustands der deutschen Fürstentümer im zersplitterten Deutschland wurde. Er wollte gleichsam in einem großen Wurf das endende Jahrhundert in all seinen schwachen, gekränkten, bösartigen, kunstbesessenen und morallosen Gestalten porträtieren; die gemeinsame Krankheit dieser Gestalten aber war ihr Titanismus, ihre frevelnde Leidenschaft, sich für die Götter der Welt zu halten, egoistisch und egozentrisch zu leben und die Kunst zur Steigerung dieses Egoismus zu mißbrauchen. Den Titanen, deren wirkliches Leben er kennengelernt hatte, wollte er im *Titan* nacheifern, nicht um dieses Leben zu beschönigen, sondern um es zu läutern. An Friedrich Heinrich Jacobi schrieb er darüber: *Mein Titan ist und wird gegen die algemeine Zuchtlosigkeit des Säkulums gewafnet, gegen dieses irrende Umherbilden ohne ein punctum saliens – gegen jede genialische Plethora, d. i. Parzialität – gegen die ästhetische (artistische) und philosophische Trennung des Ichs von der Beschauung, als müsse nicht diese auf jenes wirken, es vorausszen, nur durch dasselbe gelten und darin früher und später wohnen als in der Abstrakzion. Beinahe jede Superfötazion und jedes hors d'ouevre der menschlichen Natur sol im Titan Spielraum für die eignen Fehler finden.*[144] Die Briefpassage faßt alles auf einmal zusammen, der Biograph will sie knapp erläutern und zeigen, wie aus solchen Gedanken Gestalten wurden und Szenen.

*Die algemeine Zuchtlosigkeit des Säkulums* – sie zeigte sich zunächst im bedenklichen Schwinden der Moral, einem Sich-Hingeben an Sinnlichkeit und Gefühle, einem Schwanken zwischen Langeweile und angestachelter Lust, das nie zu einem ruhigen Ende zu bringen war. Jean Paul hatte diese eilenden, sich im sinnlichen, empfindsamen oder genialischen Fieber verzehrenden Menschen studiert. Waren sie nicht willenlos den literarischen Moden unterworfen, rühmten sie nicht heute die republikanischen Freiheiten, um sich morgen den höfischen Regeln zu unterwerfen? Ja, *dieses irrende Umherbilden ohne ein punctum saliens* wollte er darstellen, diese Ruhelosigkeit, die sich in ihrem Streben an alles Neue anlehnte, ohne es ganz zu durchdringen, zu begreifen. Bildung suchten diese Menschen am wenigsten, sie suchten Narkotika, und sie verloren über der Hast ihrer Tagessensationen jeden Überblick, jede Ausgeglichenheit. Die Menschheit nach dem Abfall von Gott – wie stellte sie sich dar? Fromm wie früher in den unteren Schichten, geduldig, aber geknechtet (so Albanos Pflegefamilie Wehrfritz), haltlos den Moden hingegeben in den intriganten höfischen (so der Exerzitienmeister Falterle, der Albano im Tanz und der Musik unterrichtet), exzentrisch, die Genialität auf die Spitze treibend in den oberen herrschenden (so Don Gaspard, so Luigi, der junge Thronfolger). Die eigentliche Handlungsebene des Romans ist aber die Ebene der letzteren, die Ebene der genialischen *Plethora, d. i. Parzialität,* was Jean Paul sich auch einmal mit dem Begriff *Einkräftigkeit* übersetzte. *Titan solte heissen Anti = Titan; jeder Himmelsstürmer findet seine Hölle; wie jeder Berg zulezt seine Ebene aus seinem Thale macht. Das Buch ist der Streit der Kraft mit der Harmonie. Sogar Liane* (Schoppe) *mus durch Einkräftigkeit versinken; Albano streift daran und leidet wenigstens.*[145]

Für diese *Einkräftigkeit* der Gestalten konnten nun zahlreiche Formen gefunden werden, etwa die «ästhetische (artistische)» oder die «philosophische». Die «ästhetische» – das war der Zügellose, der mit den Menschen eher spielte als lebte, das war einer mit funkelndem Namen, ein Bodenloser, ein Artist, der die Schwächen der anderen ausnutzte, einer, der durch Lektüre und übertriebene Geltungssucht den Lebensekel mit Schadenfreude, die Lust mit Qual, die Originalität mit der Kopie vermischte. Jean Paul nannte ihn Roquairol, ein *Kind und Opfer des Jahrhunderts*: *Nicht bloß die Wahrheiten, auch die Empfindungen antizipierte er. Alle herrliche Zustände der Menschheit, alle Bewegungen, in welche die Liebe und die Freundschaft und die Natur das Herz erheben, alle diese durchging er früher in Gedichten als im Leben, früher als Schauspieler und Theaterdichter denn als Mensch, früher in der Sonnenseite der Phantasie als in der Wetterseite der Wirklichkeit; daher als sie endlich lebendig in seiner Brust erschienen, konnt' er besonnen sie ergreifen, regieren, ertöten und gut ausstopfen für die Eisgrube der künftigen Erinnerung.*[146] Ja, der Leser hat recht. Hier hat Jean Paul den Typus des ästhetischen Menschen gezeichnet, der in Kierkegaards «Tagebuch eines Verführers» wieder auftaucht, einen nihilistischen Nachfahren von Tiecks «William Lovell», einen Bodenlosen, der sich am Ende während eines von ihm inszenierten Schauspiels das Leben nehmen wird. Die Dämonie dieses Ästhetentums aber wurde noch nie so dargestellt, erhielt noch nie soviel *Spielraum für die eignen Fehler.* Roquairol täuscht alle, die gutmütige Rabette, Liane, am Ende auch Linda, die er in der Maske Albanos verführt. Er kann im Leben die Wahrheit nicht bekennen, ja sie nicht einmal fühlen oder den-

*Jean Paul im 41. Lebensjahr.*
*Kupferstich von Nettling*

ken. Daher leitet er sein Trauerspiel, in dem er sich den Tod gibt, mit einem Satz ein, der seinen Zustand bezeichnet: *Im Leben wohnt Täuschung, nicht auf der Bühne.* So kehrt er das Verhältnis um, macht aus Wirklichkeit Schein und aus künstlerischem Schein Wirklichkeit.

Zum zweiten kann man sich auch eine «philosophische» *Einkräftigkeit* denken, ein scharfsinniges, kraftvolles Aufbegehren, ein Hassen des Lebenstheaters und der Intrigen bei gleichzeitiger Unsicherheit sich selbst gegenüber, eine Art philosophischer Überspanntheit, die am Ende im Wahnsinn, einem Ich-Ekel aus Lachsucht, enden wird, begleitet von den philosophischen Phrasen, die zerzupft werden. Die Gestalt dieser *Einkräftigkeit,* die am Ende an der Begegnung mit ihrem Doppelgänger zerbricht, heißt Schoppe: *Herr, wer Fichten und seinen Generalvikar und Gehirndiener Schelling so oft aus Spaß gelesen wie ich, der macht endlich Ernst genug daraus. Das Ich setzt Sich und Ich samt jenem Rest, den mehrere Welt nennen. Wenn Philosophen etwas, z. B. eine Idee oder sich aus sich ableiten, so leiten sie, ist sonst was an ihnen, das restierende Universum auch so ab, sie sind ganz jener betrunkne Kerl, der sein Wasser in einen Springbrunnen hineinließ und die ganze Nacht davor stehen blieb, weil er kein Aufhören hörte und mithin alles, was er fort vernahm, auf seine Rechnung schrieb – Das Ich denkt Sich, es ist also Ob-Subjekt und zugleich der Lagerplatz der beiden – Sapperment, es gibt ein empirisches und ein reines Ich – die letzte Phrasis, die der wahnsinnige Swift nach Sheridan und Oxford kurz vor seinem Tode sagte, hieß: ich bin ein ich – Philosophisch genug!*[147]

Ja, philosophisch genug, der Leser wird es verzeihen, aber Schoppes Worte mögen ihm eine Vorstellung geben vom ungeheuren Brüten dieser Gestalt, seiner Unruhe, der Verzweiflung, die nach innen schaut und nichts zu fassen bekommt. Neben dieser ästhetischen und philosophischen *Einkräftigkeit* lebt nun die titanidische der Frauen, die der todeskrank-schwachen Empfindsamen (Liane) und die der lebensvollen Linda, die sich nur im südlichen Italien verlieben kann, die Ehe haßt und an Roquairol zugrunde geht. All diese *Einkräftigen versinken,* reiben sich aneinander auf, verfallen der überspannten Lebenskultur.

Und in ihrer Mitte – Albano! Er repräsentiert so etwas wie den Traum dieser untergehenden Gesellschaft, er allein ist ihre Erlösergestalt. Versteckt hat Jean Paul ihn als eine Art Christus porträtiert, der freilich erst durch die Erziehungsstufen Don Gaspards, die Liebe zu Liane und Linda, die Freundschaft zu Roquairol und Schoppe gehen muß, um sich am Ende als neuer Herrscher des Fürstentums zu bewähren und sich die tatkräftige Idoine zur Frau zu nehmen. Dennoch – trotz seines bekämpften Titanismus, trotz seines Lebensenthusiasmus und seiner moralischen Strenge, trotz seines Abscheus vor Hofintrigen und seiner Hinwendung zu den Idealen der Französischen Revolution ist er die langweiligste, blasseste Gestalt des Romans, ein Retter, auf den alle insgeheim setzen und der erst an die Macht kommt, als die dämonischen Kräfte Roquairols zerbrochen sind. Dann freilich weicht plötzlich die träumerische Befangenheit, die alle Gestalten vorher erstickt, verkommen und unruhig erscheinen ließ, eine heitere Gelassenheit breitet sich aus und auch Albano findet ganz zur Tiefe seines Charakters, der in wenigen nachdenklichen Sätzen auslotet, was während des Romans geschehen ist: *«Nein», (dachte Albano) «ich brauche nicht nachzusinnen, warum sank ich nicht auch mit unter. O genug, genug fiel von mir in die Gräber – Ich muß mich doch ewig nach allen entflohenen Menschen sehnen; – wie Taucher schwimmen die Toten unten mit und halten mein Lebensschiff oder tragen die Anker.»*

Das ist nun endlich groß gedacht, denn da hat Albano erkannt, daß sein Fürstentum (das neue, befriedete, noch utopische) auf den Schlacken des alten ruht, daß die *versunkenen* Gestalten der Freundinnen und Freunde seine Friedensherrschaft mit ihrem Opfer bezahlten. Der *Titan* ist, wie einer seiner besten Interpreten gezeigt hat[148], eine Tragödie, ein dramatischer Roman; sein Ende ist die Sehnsucht nach Frieden, heftig aufglühend zu Beginn des 19. Jahrhunderts, nachdem die Furien des 18. Jahrhunderts in den Gestalten der *Einkräftigen* ausgetrieben zu sein schienen. Erst am Ende können alle befreit aufschauen und aufatmen, erst am Ende erwachen sie aus dem träumerischen Dasein: *«schauet auf zum schönen Himmel», (rief die freudentrunkne Schwester den Liebenden zu) «der Regenbogen des ewigen Friedens blüht an ihm, und die Gewitter sind vorüber, und die Welt ist so hell und grün – wacht auf, meine Geschwister!»*[149]

Der Biograph hat es freilich leicht, darauf hinzuweisen, wie streng sich die Geschichte in den vier Akten des langsam vorwärtsgedrehten Säkulumszeigers entfaltet, die Rezensenten indessen hatten es schwerer. Ihre Aufmerksamkeit galt zunächst den ersten beiden Bänden, der dritte und der vierte Band, die doch eigentlich erst die Furienhölle der Katastrophen bringen und auch nach Jean Pauls Meinung das Beste von dem darstellen, was er schriftstellerisch zu leisten vermochte – dieses wichtige Ende nahmen sie kaum noch zur Kenntnis. Der *Titan* wurde kein Erfolg wie der *Hesperus*, und es fällt heute schwer, das zu verstehen. Höchstens mag man auf die Unterschiede zwischen beiden Werken hinweisen. Im *Hesperus* nämlich bleibt der Erzähler noch gleichsam am Ohr des Lesers, er begleitet seine Gestalten mit aller Empfindsamkeit, er geißelt die Intriganten, er unterstützt die Guten, er moralisiert und läßt den Leser teilnehmen am Verlauf der Geschichte, aus gehöriger Distanz, die sich in den ekstatischen Momenten der Wanderungen, Liebesgeständnisse und Todesvisionen in pures Mitempfinden verwandeln darf. Anders im *Titan* – denn mit welcher Gestalt wollte der Leser hier mitfühlen, mithandeln? Und – weiter – bemerkten die Leser nicht insgeheim, daß der Erzähler die Anteile seines Herzens gleichsam unter die Figuren der Handlung aufgeteilt hatte, daß er selbst an diesen Kranken, Leidenden, Überspannten hing, daß er sich selbst von Schoppe und Roquairol nie ganz trennte,

*Jean Pauls Arbeitsstätte auf dem Adamiberg bei Coburg*

sondern ihrer Faszination zuweilen ebenso erlag wie Albano, der Retter? Friedrich Heinrich Jacobi hat diese Vermutung offen ausgesprochen, ihm kam es so vor, als sei zuviel Jean Paul in Roquairol und Schoppe. So machten die Leser Jean Pauls Entwicklung nicht mit; erst im *Titan* hätten sie sich und ihre Zeit wiedererkennen können – das Inferno der Kunst und die Gestalten der Verdammten –, davor mag ihnen aber eher gegraut haben. Daher verurteilen manche Rezensenten das Kranke der Gestalten, sie haben Abscheu vor den exzentrischen Zügen Don Gaspards und dem Wahnsinn Schoppes. Der Biograph kann das nicht einfach hinnehmen, aber verstehen, denn auch er ist der Meinung, daß Jean Paul mit diesem Roman gleichsam die Weimarer und Berliner Erlebnisse aus sich herausgeschwitzt und ihre Erfahrung durch die Vermittlung der poetischen Gestalten von sich abgetrennt habe. Hätte er Weimar überhaupt ertragen, wenn er nicht in der Nähe Herders gelebt hätte? Waren nicht die philosophischen Schriften Jacobis reinigende Kritiken der Fichteschen Systeme, die Jean Paul in einem Teil seines *Komischen Anhangs zum Titan,* der Streitschrift *Clavis Fichtiana,* karikiert hatte? Ja, mit dem *Titan* hat Jean Paul die Gefährdung, die all die Aufenthalte in der großen Welt, ihre Atmosphäre, ihr Empfinden und Denken bedeuteten, zu bannen gesucht. Die Kritik am ästhetischen Formalismus (für den der bekannte Kunstrat Fraischdörfer herhalten muß), die Kritik an der frühromantischen Exzentrizität (für die Roquairol ins Spiel tritt), die Kritik am *philosophischen Egoismus,* wie er es gern nannte – dies alles schmolz zu Gestalten und Szenen zusammen, die nicht den Anspruch erheben, diese Kritik theoretisch zu formulieren, sondern sie im Lebensgefühl zu verankern. Man lese nur die Berichte nach, die er während der kurzen Weimar-Aufenthalte schrieb, die er sich in den Jahren 1801 bis 1803 noch erlaubte, vor allem den über den letzten Aufenthalt vor Herders Tod: *In Weimar fand ich mein altes Lebens=Italien bei dem alten Herder wieder, dessen Zunge für mich die Zunge in der moralischen Apothekerwage ist ... Kurz wie eine Tragödie nach Aristoteles, reinigt er mich.*[150] Die Stelle zeigt sehr deutlich, wie sehr Jean Paul gerade in Weimar der Gegengewichte bedurfte; der *Titan* war das Werk seiner «Reinigung».

Übrigens hielt er sich in diesem Werk auch streng an den Grundsatz, als Erzähler nicht zu sehr in den Vordergrund zu treten. Daher fallen hier die den Lesern oft lästigen Abschweifungen, Einschübe und satirischen Bocksprünge beinahe vollständig weg; vieles sollte in den *Komischen Anhang* verbannt werden, in die dort gesammelten fiktiven Ausgaben des *Pestitzer Realblattes* etwa, denen Giannozzos *Seebuch* (das der Leser vom Anfang dieses Bändchens kennt) und die *Clavis Fichtiana* beigeleimt wurden. Mit den Jahren der Beschäftigung waren jedoch die Notizen für einen eigenen, eher komisch-satirischen und humoristischen Stoff weiter angeschwollen. Sie konnten, wie das im Falle Jean Pauls so häufig ist, schließlich nicht mehr untergebracht und in den *Titan* geknüpft werden, sie schossen wie schnell wachsende Pflanzen in die Höhen, streckten die Fühler nach einem eigenen Roman aus, nach den *Flegeljahren* nämlich, zu denen es bald so viele Vorarbeiten und Notizen gab, daß klar sein mußte, daß sie inhaltlich und vom erzählerischen Ton her nicht mehr zum *Titan* gehörten.

Die *Flegeljahre,* deren Ausarbeitung nach Beendigung des *General- und Kardinalromans* gleich begonnen wurde, erzählen die Geschichte der ungleichen Brüder Vult und Walt; Jean Paul notierte: ... *ich habe darin Titans Vulkane und Thronen verlassen und spiele wieder auf ebener Gasse der Bürgerlichkeit.*[151] Ein Roman der *deutschen Schule* also war wiederum geplant, und der Leser weiß aus dem *Siebenkäs* schon, welche Mühen so etwas macht. Der Biograph will ihm diese Kompositionsqualen nicht weiter vorführen, die *Flegeljahre* sind schön genug, ein Werk, in dem viele zeitgenössische Leser ein Spiegelbild des Jean Paulschen Charakters erkannten, der sich dort in die beiden Brüdergestalten zerteilt und in ihrem Kontrast ganz ausgesprochen habe. So rücken Biograph und Leser in diesem besonderen Fall sehr nahe an den Autor heran, ein Moment, in dem der Biograph seine darstellende und erläuternde Rolle wenigstens kurz fallenlassen will, um selbst in die des Lesers zu schlüpfen. Er lernte nämlich die *Flegeljahre* als erstes der Jean Paulschen Werke lesen und lieben, er erinnert sich gut daran, es war ein Eindruck, den er nie vergessen wird.

Er begann damals nämlich an einem frühen Vormittag zu lesen und erfuhr gleich zu Beginn, daß der reiche van der Kabel ein Testament hinterlassen hatte, das den armen, jungen Rechtskandidaten Gottwalt Harnisch zum Erben einsetzte, unter der Voraussetzung, daß dieser eine Stufenleiter verschiedener Tätigkeiten und Berufe durchlaufe, um am Ende als erfahrener, kundiger, vielfach gebildeter, würdiger Erbe dazustehen. Darüber mußte in der Residenzstadt Haßlau allerhand Aufregung herrschen, die sieben vermeintlichen Erben, die sich zur Testamentseröffnung eingefunden hatten, kommen aus dem Fluchen nicht mehr heraus, und der Leser begibt sich mit allen, die Gottwalt noch nicht kennen, auf die Suche nach ihm.

Der Schultheiß Harnisch ist der Vater des Erben, der in der Kindheit mit einem Bruder sein Zimmer teilte; dieser Bruder ist im vierzehnten Jahr mit einem Musikanten spurlos verschwunden – doch während der Leser davon erfährt, weiß er schon, daß gerade in diesen Tagen ein Flötenspieler in der Stadt eingetroffen ist: *Nach Haßlau war er nur gekommen, um ein Konzert zu geben, dann nach Elterlein zu laufen und Eltern und Geschwister inkognito zu sehen, aber durchaus ungesehen. Unmöglich wars ihm, daß er nach einem Dezennium Abwesenheit, worin er über so viele europäische Städte wie eine elektrische Korkspinne, ohne zu spinnen und zu fangen gesprungen war, wieder vor seinen dürftigen Eltern erscheinen sollte aber nämlich, o Himmel, als was?* [152] So reist der Leser mit Gottwalts Bruder Vult auf den gesuchten Erben zu und erlebt gerade am Tage der Ankunft in Elterlein dessen Notariatsexamen. Schon solch ein Zureisen läßt den Leser innehalten, mehrmals lesen, aufschauen: *Er lief ins Gehölz und dessen schwimmendes Sonnen-Gold hinein, für ihn eine Kinder-Aurora. Jetzt schlug die wohlbekannte kleine Dorfglocke aus, und der Stundenton fuhr so tief in die Zeit und in seine Seele hinunter, daß ihm war, als sei er ein Knabe, und jetzt sei Feierabend.* [153]

Der heimkehrende Vult begegnet jedoch als erstem gerade seinem Vater, von dem er sich fern hält; so geht der alte Mann, die Sense auf der Schulter, nach Hause, während sein Sohn ihm hinterherschleicht, die Flöte spielend: *Und so kam Vult ins überschattete Elterlein hinab, wo er das närrische verhüllte träumende Ding, das bekannte Leben, den langen Traum, angehoben und wo er im Bette zu diesem Traum, weil er erst ein kurzer Knabe war, sich noch nicht hatte zu krümmen gebraucht.* [154] Da geht denn der Vater ins Haus, die Mutter tritt aus der Tür, um welke Salatblätter fortzuwerfen, Vult spielt in der Ferne – und die Eltern sagen einander nichts, wie *Land-Gatten* es zu tun pflegen, die nicht ahnen, daß der entlaufene Sohn zurückgekehrt ist.

Solche Szenen haben den Biographen beim ersten Lesen überrascht und überfallen; sie wirken sehr stark in der Einbildung – wie Urszenen einer eigenen Geschichte –, sie sind mit einem Sehnsuchtsblick aufs Detail gezeichnet, daß man vor innerlichem Mitempfinden dieser Disharmonie aus Heimkehr und Trostlosigkeit aufhören möchte, noch weiter zu lesen. Eine merkwürdige Art von Frieden wird in dieser dörflichen Kulisse bewahrt – aber der, der heimkehrt, erlebt sie nur aus der Entfernung der Erinnerung, und daher treibt es ihn gleich ins Wirtshaus, um zu vergessen und die Wiedererkennungsszenen im Lachen aufzulösen. Aber die Erinnerung überwältigt ihn, den weltreisenden, spöttischen Menschen, dann doch, besonders die Mutter will er wenigstens kurz aus der Nähe sehen, und daher eilt er wieder hinaus: *Draußen fand er das Dorf so voll Dämmerung, daß ihm war, als steck' er selber wieder in der helldunkeln Kinderzeit, und die ältesten Gefühle flatterten unter den Nachtschmetterlingen. Hart am Stege watete er durch den alten lieben Bach, worin er sonst breite Steine aufgezogen, um eine Grundel zu greifen. Er machte einen Bogen-Umweg durch ferne Bauernhöfe, um hinter den Gärten dem Hause in den Rücken zu kommen. Endlich kam er ans Backofenfenster und blickte in die breite zweiherrige Grenzstube – keine Seele war darin, einer schreienden Grille ausgenommen, Türen und Fenster standen offen; aber alles war in den Stein der Ewigkeit gehauen: der rote Tisch, die roten Wandbänke, die runden Löffel in der hölzernen Wand-Leiste, um den Ofen das Trocken-Gerüste – der tiefe Stubenbalken mit herunterhängenden Kalendern und Herings-Köpfen, alles war über das Meer der langen Zeit, gut eingepackt, ganz und wie neu herübergeführt, auch die alte Dürftigkeit.*[155]

Der Leser sieht – der Biograph kann schlecht unterbrechen, denn die Schönheit solcher Stellen ist enorm; man muß ein solches Kapitel wieder und wieder lesen, denn man ahnt nun auch, daß Jean Paul nach dem *Titan* in den *Flegeljahren* selbst so etwas versucht wie das Nach-Hause-Kommen. Er schreibt sich mit seiner hochgeschossenen Bildung, seinem Menschenverstand nach dem Studium der «titanischen» Charaktere wieder in das Siebenkässche bürgerliche Leben hinein – und es steht alles noch immer da wie früher, aufgeräumt, ärmlich. Aber der Blick desjenigen, der alles sieht (aus der Ferne), ist ein anderer geworden, und erst dieser den Dingen hinzugefügte Blick verwandelt alles.

Die *Flegeljahre* sind also ein Werk der Verwandlung: einer kommt zu den vertrauten Dingen heim, aber nach seiner Weltwanderung erkennen ihn die Eltern, der Bruder und die Dorfbewohner nicht mehr. So wohnt er dann später eine Weile mit dem Bruder, dem er sich zu erkennen gegeben hat, um die Dinge und Menschen wieder ganz nahe an sich heran zu ziehen und ihre Verwandlung ins Vertraute zu betreiben. Am Ende aber geht es nicht mehr, denn die alte Nähe kann sich nicht wiederherstellen. Da nimmt er seine Flöte und geht blasend aus dem Zimmer, auch die Treppe hinab, ganz weit davon. Und während der einfältige Bruder diesen Flötentönen noch nachlauscht, verschwindet der Weltenwanderer Vult wieder in der Ferne.

Das ist der Kern des großen Romans, ein Spiel zwischen Nähe und Ferne, Heimat und Distanz. Der eine Bruder bemerkt kaum etwas davon, so einfach, schlicht und gutgläubig ist er; der andere aber sieht alles ganz scharf, die Trennungen, die Annäherungen, das ganze Maskenspiel des Lebens. Der eine schwärmt, träumt, liebt – und der andere will auch zu all diesen Gefühlen finden, sieht sich aber meistens nur zu. Man kann sagen: Der Roman beschreibt nichts anderes als die Sehnsucht des einen zum anderen Charakter, er ist ein dauerndes Wechselspiel, so daß alles in seiner verwirrenden Flüchtigkeit manchmal wirkt wie nur geträumt.

Am Abend seines ersten Lesetages ist der Biograph damals bis zum Ende des zweiten Bändchens der *Flegeljahre* gekommen. Da haben sich die beiden Brüder schon recht tief in die Dorfangelegenheiten verstrickt, die hier nicht weiter ausgebreitet werden sollen, es muß schon jeder selbst lesen. Soviel soll nur gesagt werden, daß Gottwalt gerade eine große Enttäuschung erlebt hat; er hat sich in einer Verkleidung zusammen mit dem Bruder bei dem Grafen Klothar eingefunden, bei diesem Auftritt aber alles falsch gemacht wie so oft. Der Graf kanzelt die Brüder kurz ab (Bürgerlichen gegenüber macht er nicht viele Worte); Gottwalt aber empfindet die Ungerechtigkeiten besonders hart, hat er doch gerade den Grafen besonders verehrt und geschätzt. Nun ist aber alles vorbei, die Brüder schleichen nach Hause, Gottwalt legt seine Verkleidung ab: *Als Vult im Mondlicht dem betrübten Schelm das dünne Nankingröckchen wie einen Gehenkten am Aufhäng-Bändchen hinlangt' und er es überhaupt überlegte, wie lächerlich der Bruder mit dem Korkwams der Verkleidung auf dem Trocknen sitzen geblieben: so dauerte ihn der getäuschte stille Mensch in seinen weiten Steifstiefeln unsäglich, und ihm brach mitten im Lächeln das Herz in zwei Stücke von Tränen entzwei.*[156] Der Biograph konnte es damals aber fast nicht glauben; war es wirklich der humoristische, kecke, flinke Vult, der hier weinte? Ja, er war's, aber er *tats fast verschämt*, denn der Bruder sollte nicht mitbekommen, was ihm da die Tränen in die Augen trieb. So läßt Vult den Bruder vor sich Platz nehmen, um ihm den Zopf zu binden; und während er bindet und den Kopf des Bruders *ganz kurz am Genick* hält, *damit Gottwalt sich nicht umkehren könnte*, fragt er ihn unter Tränen: *Gottwalt, liebst du einen gewissen Quoddeus Vult noch?* Erst da, ja erst in diesem Augenblick bemerkt Gottwalt die Rührung des Bruders, die er der nachgebenden Stimme entnimmt, er dreht sich um *und wurde schneeweiß, als er Tränen über das Wellen schlagende Gesicht des Bruders rinnen sah:* «*O Gott! was fehlt dir?*» rief er. – «*Vielleicht nichts oder so etwas,»* sagte Vult, *«oder gar Liebe. So fahr's nur heraus, das verfluchte Wort, ich war eifersüchtig auf den Grafen.»* [157]

Kann der Leser sich eine Stelle denken, in der besser gezeigt würde, wie die entfernte Liebe und Zuneigung der beiden sich verflüchtigt, wie sie beide einander annähert, stillstehen läßt, daß sie gar nicht mehr anders können als sich ihre Brudernähe zu gestehen? Nein – in den *Flegeljahren* ist sehr vieles von dieser Schlichtheit des Wiedererkennens und Wiederfindens; das Rauschhafte der hohen Stimmungen, das im *Hesperus* noch viele sentimentale Momente hervorlockte, ist ganz herabgemildert auf Kammerszenen, in denen die Geständnisse nur noch unter Schmerzen hervorgepreßt werden. Jean Paul entdeckte in diesem Roman den Reichtum einer ganz im kleinen gehaltenen Psychologie, den Reichtum des Unscheinbaren, der vor dem Leser auftaucht wie Laternenszenen: *Die Zauberlaterne des Lebens warf jetzt ordentlich spielend bunte laufende Gestalten auf seinen Weg; und die Abendsonne war das Licht hinter den Gläsern. Sie wurden gezogen, und es mußte vor ihm vorüberlaufen unten im Strom ein Meßschiff – ein niedriger Dorfkirchhof an der Straße, über dessen Rasenmauer ein fetter Schoßhund springen konnte – eine Extrapost mit vier Pferden und vier Bedienten vornen – der Schatte einer Wolke – nach ihr ins Licht der Schatte eines Rabenzugs – zerrissene hohe graue Raubschlösser – ganz neue – eine polternde Mühle – ein zu Pferde sprengender Geburts-Helfer – der dürre Dorfbalbier mit Schersack ihm nachschießend – ein dicker überröckiger Landprediger mit einer geschriebenen Erntepredigt, um für die allgemeine Ernte Gott und für seine den Zuhörern zu danken – ein Schiebkarren voll Waren und ein Stab Bettler, beide um die Kirmessen zu beziehen – ein Vor-Dörfchen von drei Häusern mit einem Menschen auf der Leiter, um Häuser und Gassen rot zu numerieren – ein Kerl auf seinem Kopfe einen weißen Kopf von Gyps tragend, der entweder einen alten Kaiser oder Weltweisen vorstellen sollte oder sonst einen alten Kopf – ein Gymnasiast spitz auf einem Grenzstein seßhaft, mit einem Leih-Roman vor den Augen, um sich die Welt und Jugend poetisch ausmalen zu lassen – und endlich oben auf ferner Höhe und doch noch zwischen grünen Bergen ein vorschimmerndes Städtchen, worin Gottwalt übernachten konnte, und die helle Abendsonne zog alle Spitzen und Giebel sehr durch Gold ins Blau empor.* [158]

Laternenszenen, gut – mag der Leser sagen, aber was sollen diese vielen Einzelheiten? Warum reiht der Autor sie so aneinander? Was geschieht denn hier? Der Biograph erkennt, es hat ein Ende mit der bloßen Leselust, er soll wieder ästhetisch disputieren. Die Laternenszenen also zeigen etwas von der Fülle der Wirklichkeit, sie zeigen Dinge und Menschen in bunter Reihenfolge, aber sie zeigen diese nicht nur in einer ungeordneten Reihenfolge. Etwas nämlich begleitet diese Dinge und Menschen – der innere Blick, das innere Empfinden des Wandernden nämlich, das diese Einzelheiten erst zu Genreszenen macht, die – Tupfer für Tupfer

– gegen die Weite des Gefühls gehalten werden. Gottwalts Wanderung wird nicht einfach so geschildert, daß eine Station nach der anderen nur benannt wird; die Stationen werden vielmehr als «bunte laufende Gestalten» zu einem auch innerlich miterlebten Reigen gestaltet. Jede Figur rückt – wie durch eine mikroskopische Einstellung näher gebracht – heran, wird genau betrachtet – und verschwindet wieder in der Unendlichkeit. Dieser Vorgang aber, dieses Näherholen, Betrachten und Fortgeben, schafft erst die rechte Poesie, nicht bloß einen platten Abdruck der Wirklichkeit; Jean Paul hätte so etwas *romantisieren* genannt, und spätestens jetzt erfährt der Leser, wie dieser Autor auch ästhetisch zu denken verstand. Er veröffentlichte diese Überlegungen in seiner *Vorschule der Aesthetik,* einem umfangreichen Werk, das er nach dem *Titan* und während der Arbeit an den *Flegeljahren* unter Zuhilfenahme älterer Aufzeichnungen niederschrieb (1803/04). Dort finden sich Stellen, die die *Zauberlaternenpassage* verständlicher machen. Denn es heißt, daß der richtige Dichter *begrenzte Natur mit der Unendlichkeit der Idee umgeben und jene wie auf einer Himmelfahrt in diese verschwinden lassen* wird (§ 4). Damit ist aber nichts anderes als das Romantisieren gemeint: *Ist Dichten Weissagen: so ist romantisches das Ahnen einer größern Zukunft, als hienieden Raum hat* (§ 22) – oder: *Es ist noch ähnlicher als ein Gleichnis, wenn man das Romantische das wogende Aussummen einer Saite oder Glocke nennt, in welchem die Tonwoge wie in immer fernern Weiten verschwimmt und endlich sich verliert in uns selber und, obwohl außen schon still, noch immer lautet.* (§ 22)

Kann der Leser folgen? Erkennt er beim Wiederlesen der *Zauberlaternenpassage,* wie die vielen Einzelheiten am Ende wie Klänge einer Akkordreihe verebben und in einen letzten, nachsummenden Klang münden? Bemerkt er, daß dieses Nachsummen ein innerliches ist und sich mit der Äußerlichkeit des ziehenden Abendsonnenscheins gut vermählt?

Die *Vorschule der Aesthetik* trifft wichtige Unterscheidungen, wenn sie diesen romantisierenden Vorgang von einem *poetischen Nihilismus* und einem *poetischen Materialismus* abhebt. Die *poetischen Nihilisten* malen das Ideelle in eine gewisse Leere; sie bleiben abstrakt, sie geben Innerlichkeit ohne das Äußere. Aber es gilt: ... *ein bestimmter Kleinstädter ist schwerer poetisch darzustellen als ein Nebel-Held aus Morgenland.* (§ 2) Die *poetischen Materialisten* dagegen verfallen in den Fehler, nur das Kleinstädtische (ohne das Poetische) zu geben. Sie malen ab, sie zeichnen nach – und alles bleibt dürftig, alltäglich. *Dem Nihilisten mangelt der Stoff und daher die belebte Form; dem Materialisten mangelt belebter Stoff und daher wieder die Form; kurz, beide durchschneiden sich in Unpoesie. Der Materialist hat die Erdscholle, kann ihr aber keine lebendige Seele einblasen, weil sie nur Scholle, nicht Körper ist; der Nihilist will beseelend blasen, hat aber nicht einmal Scholle.* (§ 4)

Der Leser erkennt nun leicht, wie Jean Paul beides zu vermeiden sucht.

Man kann die *Zauberlaternenpassage* so lesen, daß man in ihr *Scholle* erkennt, aber man liest sie nur halb, wenn man nur *Scholle* erkennt. Die *poetische Nachahmung* lebt von einer *doppelten Natur,* von äußerer und innerer, von einem *Wechselspiel.*

Das I. Programm der *Vorschule* erläutert ausführlich diese Definitionen vom Grundsätzlichen der Poesie, das II. Programm deckt die *Stufenfolge poetischer Kräfte* auf, die einen Autor erst befähigen, poetisch-nachahmend zu dichten. Ihre wichtigste ist die Phantasie: *Die Phantasie macht alle Teile zu Ganzen … und alle Weltteile zu Welten, sie totalisieret alles, auch das unendliche All.* (§ 7) Konsequent und weiterführend wird im III. Programm vom *Genie* gehandelt, bevor im IV. und V. Programm griechische und romantische Poesie unterschieden werden. Die Poesie der Griechen ist uneinholbar, weil von anderem geschichtlichem Geist diktiert; sie ist plastisch und beruht auf *sinnlicher Empfänglichkeit.* Die romantische ist die Frucht einer langen historischen Entwicklung; sie ist die Dichtung der Moderne. *Ursprung und Charakter der ganzen neueren Poesie läßt sich so leicht aus dem Christentume ableiten, daß man die romantische ebensogut die christliche nennen könnte. Das Christentum vertilgte, wie ein Jüngster Tag, die ganze Sinnenwelt mit allen ihren Reizen, drückte sie zu einem Grabeshügel, zu einer Himmels-Staffel zusammen und setzte eine neue Geister-Welt an die Stelle … Was blieb nun dem poetischen Geiste nach diesem Einsturze der äußern Welt noch übrig? – Die, worin sie einstürzte, die innere.* (§ 23)

Bemerkt der Leser an dieser Stelle der geschichtlichen Debatte die Nähe solcher Erläuterungen zu den Dichtungen Jean Pauls? Denkt er nicht auch – wie der Biograph – an die *Rede des toten Christus,* an die Predigten Ottomars und Leibgebers, ja denkt er am Ende nicht an die Haltung Jean Pauls seiner poetischen Welt gegenüber, an dieses Sich-Aufrichten vor dem Endlichen, seinen poetischen Freiheits- und Totalitätssinn? Ist dieser nicht die reinste Erfüllung des Romantischen? Ja, zweifellos, Jean Paul hat daran gedacht, und er handelt davon in einem der wichtigsten Kapitel der *Vorschule,* dem VII. Programm, dem über die *humoristische Poesie* (so nennt er sein Schaffen). *Der Humor, als das umgekehrte Erhabene, vernichtet nicht das Einzelne, sondern das Endliche durch den Kontrast mit der Idee. Es gibt für ihn keine einzelne Torheit, keine Toren, sondern nur Torheit und eine tolle Welt; er hebt – ungleich dem gemeinen Spaßmacher mit seinen Seitenhieben – keine einzelne Narrheit heraus, sondern er erniedrigt das Große, aber – ungleich der Parodie – um ihm das Kleine, und erhöhet das Kleine, aber – ungleich der Ironie – um ihm das Große an die Seite zu setzen und so beide zu vernichten, weil vor der Unendlichkeit alles gleich ist und nichts.* (§ 32)

Die Passage sagt viel; sie trifft Jean Pauls Schaffen ganz. Denn die *humoristische Totalität,* die hier erläutert wird, besteht aus zweierlei Mitspielen: dem Mitempfinden im Lebenstheater und dem Hinausblicken ibers Lebenstheater. Jede Gestalt erhält ihr Schicksal, sei sie noch so unbedeutend, noch so gering, jede Gestalt wird geachtet; aber alle zusammen tanzen doch nur – und indem der Erzähler zwischen diesen beiden Perspektiven wechselt, erzählt er humoristisch. Dies kann dem Leser kaum besser aufgehen als bei jenen Passagen der *Flegeljahre,* die der Biograph zitiert hat. Da spielen zunächst Walt und Vult das Lebensspiel, der eine unwissend, der andere wissend; Vult nimmt Walt gegenüber eine humoristische Perspektive ein, aber er verachtet ihn nicht, er liebt und lebt mit ihm, und er schaut am Ende über alles hinaus und zieht davon. Und da spielt wiederum der Erzähler mit seinen Gestalten Walt und Vult, er nimmt – bezogen auf beide – eine humoristische Perspektive ein, so daß das Spiel auf höherer Ebene noch einmal als Spiel erscheint. Und da schauen Erzähler und Leser wiederum auf dieses höhere Spiel, auf das des Erzählers mit seinen Gestalten, seinem poetischen Theater, seiner poetischen Welt – und bemerken am Schluß, daß sie als Leser dieses Spiels gar nicht ausgeschlossen sein können, sondern – als Leser und Menschen – selbst Spielende, Leidende, Hoffende sind.

Hat der Leser solche Gedankengänge verstanden, dann hat er viel von Jean Paul begriffen und viel von dem, was die Romantiker «Reflexivität» nannten. Jean Paul meint aber nicht bloße Reflexivität um ihrer selbst willen, er meint die humoristische: *Wenn der Mensch, wie die alte Theologie tat, aus der überirdischen Welt auf die irdische herunterschaut: so zieht diese klein und eitel dahin; wenn er mit der kleinen, wie der Humor tut, die unendliche ausmisset und verknüpft: so entsteht jenes Lachen, worin noch ein Schmerz und eine Größe ist.* (§ 33) *Schmerz und Größe* als Perspektive des Humors – lassen sich die *Flegeljahre* besser beschreiben und versteht der Leser jetzt, warum der Biograph die *Zauberlaternenpassage* so lange deutete und ausbeutete? Weil nämlich darin der Schmerz darüber deutlich wird, daß alles nur vorüberfliegt, und weil sich dieser Schmerz doch am Ende aufrichtet?

Daher also wird der Humor, poetisch ausgebreitet, zur überfließenden Darstellung, wie sie sich bei Jean Paul findet: *Die überfließende Darstellung, sowohl durch die Bilder und Kontraste des Witzes als der Phantasie, d. h. durch Gruppen und durch Farben, soll mit der Sinnlichkeit die Seele füllen und mit jenem Dithyrambus sie entflammen, welcher die im Hohlspiegel eckig und lang auseinandergehende Sinnenwelt gegen die Idee aufrichtet und sie ihr entgegenhält.* (§ 35) So ist endlich vom Leser die Rede. Er soll – die humoristische Totalität nachvollziehend – entflammt werden, jawohl entflammt. Ein Leser Jean Pauls kann nie draußen, außerhalb des Werkes, bleiben. Er muß sich hineinführen lassen, er muß eine Welt im Kontakt mit dem Erzähler leben, die Gleichnisse auffangen, sie wenden, die Figuren lieben und sie am Ende bestatten. Jean Paul-Lektüre ist eine Art Bad – wehe dem Leser, der mit übereinandergeschlagenen Beinen nur liest, um zu deuten und sich am Ende als «objektiver Kunstrichter» davonzustehlen! Andererseits – Jean Paul macht es ihm nicht einfach. Er zieht ihn mit allen Mitteln ins Erzählte, aber er muß diese Mittel erst einnehmen und sich vom *metamorphotischen sinnlichen Stil* fangen lassen: *Erstlich individualisiert er bis ins Kleinste, und wieder die Teile des Individualisierten.* (§ 35)

Der Biograph könnte noch zeigen, wie auch die *Vorschule der Aesthetik* dieses Individualisieren mitmacht, und, vom Humor ausgehend, alle Unterspielarten der humoristischen Totalität – die Ironie, den Witz, die Allegorie, das Wortspiel – betrachtet, bis sie zu den Romancharakteren vorstößt, zu Fabel und Charakter, zum Ganzen des Romans und seinen drei Schulen (von denen schon gehandelt wurde). Aber dies alles sind Spezifikationen, und der Leser weiß vorerst genug, wenn er über das Romantische, das Romantisieren, über die rechte poetische Nachahmung und über den Humor belehrt ist. Immer wichtiger wird unterdessen, Jean Paul statt im Ästhetischen wieder im Lebendigen aufzusuchen und nach seinen Bayreuther Jahren zu fragen.

# Kriegsjahre

In Bayreuth trifft er am 12. August 1804 mit seiner Frau, zwei inzwischen geborenen Kindern, einem Spitz und viel Gepäck ein. Schon am nächsten Tag geht ein kurzer Briefzettel an den besten Bayreuther Freund, an Emanuel: *An Sie die erste Zeile in Bayreuth! Guten Morgen! Ich hatte einen noch bessern; denn erst heute seh' ich, wie herrlich mein Logis ist. Auf frühes Wiedersehen!*[159] Mit diesem Umzug nimmt ein gewisses Leiden ein Ende, das Lechzen nach Bier nämlich, das in Meiningen und Coburg nur durch Emanuels Fässersendungen befriedigt werden konnte. In den gerade vergangenen Zeiten waren die Briefe an den Freund voll davon: *Dieses verdamte Bedürfnis meines Magens und Gehirns treibt mich und mein Haus aus allen großen Städten ... zurük und endlich immer südlicher.*[160]

Es ist nicht gerade so, daß er sich täglich besäuft – es gibt viele Stufen des Trinkens, das rasche, das allmähliche, das konzentrierte, das ausschweifende, das unterbrochene, das zügige. Er liebt letzteres; er trinkt nicht unmäßig, aber doch so, daß das Bier seine starke Kopfwirkung tut, das aber möglichst täglich. Man begreift kaum, wie er es ausgehalten hat, aber die Geschichte der Narkotika, des Kaffeetrinkens und Tabakrauchens, des Weingenusses und Biertrinkens ist in Hinsicht auf die poetische Kultur des späten 18. Jahrhunderts sowieso noch nicht geschrieben. An Emanuel gingen Freudenhymnen, wenn die kribbelnde Erwartung der Ankunft des nächsten Fasses bevorstand: *... ich wäre bei Gott täglich ihn Ohnmacht gefallen ... – wäre nicht Ihr Bier gewesen, meine Lethe, mein Paktolusflus (wie wohl er mir Gold mehr weg- als zuführt), mein Nil, meine vorlezte Ölung, mein Weihwasser u. dergl. Kurz mit Freuden vernahm ich, daß Sie schon wieder ein Fäslein – Gott gebe, ein Fas – reisefertig haben. Es reise bald!*[161]

Nun aber ist er in Bayreuth angekommen, zum Bier gereist, zu Emanuel, und die Arbeit kann leichter fortgesetzt werden. Eigentlich hatte er die gerade beendete *Vorschule der Aesthetik* dem Herzog *Emil August von Gotha* widmen wollen; der Herzog hatte sein Einverständnis mit der Widmung erklärt, ein Zensor jedoch war dagegen. Jean Paul ist empört. Sofort macht er sich daran, die Geschichte dieses Zensurverbots in einem

*Emanuel Osmund. Miniatur*

eigenen Bändchen zu dokumentieren und abzuhandeln. Daraus wird das *Freiheits-Büchlein,* eine äußerst zornige Verurteilung des Zensurwesens, deutlich und scharf geschrieben: *Wie kommt nun ein unbekannter Zensor dazu, der Richter, Lehrer und geistige Eß-König einer ganzen Ewigkeit zu sein, der Regent eines unabsehlichen Geisterreichs?* [162] Und: *Kann ein Staat – ohne sich heimlich zu einem Sklavenschiffe auszubauen oder auszurufen, welches Freiheitshüte wegnimmt, um Zuckerhüte zu bekommen – die Entwicklung der Menschheit nur einzelnen erlauben, als schenk' er die Menschheit, wie Orden und Gnadengehalte, erst her und könne deren Entfaltung, wie Erfindung, erst patentieren?* [163] Das Büchlein erscheint im Mai des folgenden Jahres bei Cotta.

Klagen über die Zeit hat er überhaupt zu führen. Seit seiner Ankunft in Bayreuth verstärkt sich dieser anklägerische, manchmal auch nur klagende Ton. Mal ist sein Leben ein *miserables und horribeles* [164], mal geht die Arbeit schlecht voran, mal fürchtet er, nach der Geburt des dritten Kindes zu sehr von der Arbeit abgezogen zu werden. Ein nörglerischer Ton drängt sich in seine Briefe, nur die kurzen Briefzettel an Emanuel zeigen manchmal etwas Zufriedenheit oder Heiterkeit. Hinzu kommen die Kriegsereignisse, die er aufmerksam verfolgt und die ihn oft zusammenzucken lassen. Er denkt an Flucht aus Bayreuth, die gesamte Lebensstimmung senkt sich darüber ins Trübe: *Der Krieg, die wehende Flamme desselben, das nähere Hereinschlagen derselben, könnten mich – als Kin-*

er-, nicht als Büchervater – wol weiter jagen, wenn ich eher daran glaubte, ls ich die erste Kanone höre. Übrigens ist in und außer mir eine dumme onlose Zeit; sogar das Wetter gehört dazu und meine Schreiberei. Ich eufze nach Scherzen.[165]

Er wird empfindlich, er studiert seinen Körper, die kleinen Leiden, die er Kinder, er zankt mit der Frau, er ist insgesamt unzufrieden. Seine Bücher werden nicht mehr gekauft wie früher, die letzten Bände des *Titan* vill kaum einer, die *Flegeljahre* gar will niemand mehr mit einiger Begeiterung lesen.

Im Juli 1805 macht er sich an die Ausarbeitung einer Pädagogik; *Leana* soll das Werk heißen, das all seine Erfahrungen als Hofmeister, Erieher, Kinderfreund und Vater einschließen wird. Aber er ist unsicher, b sich in solchen Zeiten überhaupt noch Erziehungsbücher schreiben assen, die an Rousseausche Gedanken anknüpfen und eine lange Leenserfahrung sammeln: *Und wie wäre in der jetzigen Zeit, die nur nach Metall wühlt und die alle Gebäude mit Krieg erschüttert, an das Feststellen ines Erziehungshauses zu denken?*[166] Aber er treibt die Arbeit an diesem Buch doch voran, obwohl sie ihm auch deshalb schwerfällt, weil er nicht n den gewohnten Stil finden kann und sich mit vielerlei Sentenzenwerk efassen muß. Im März 1806 bietet er es einem Verleger an: *Das Werk*

*Jean Pauls Wohnhaus in der Friedrichstraße zu Bayreuth*

*selber ist für die höhere elegante Welt und die Mütter didaktisch geschrieben*
*– geht von dem Allgemeinsten, dem Geiste der Zeit, der Bildung zur Reli-*
*gion usw. bis zu den bestimmtesten Regeln herab, über Spiele, Freuden,*
*Strafen usw. der Kinder – Von der Ausbildung des Menschen bis zu einem*
*Briefe über Bildung der Fürsten, der Weiber usw. und bis zur physischen*
*Erziehung.*[167]

Er verspricht nicht zuviel. Das Buch ist – ähnlich wie die *Vorschule* – ein
Kompendium, das nicht oberflächlich, sondern umfassend lehren will.
Die allgemeinen Grundsätze eröffnen, dann geht es immer tiefer ins Einzelne, sogar die Spiele der Kinder, ihr Tanzen und Schreiweinen, ihre
Freuden und ihr Glauben werden in eigenen Paragraphen behandelt,
auch die Erziehung der Mädchen ausführlich vorgestellt, bevor alles mit
der sittlichen Bildung des Knaben und am Ende mit der klassischen Bildung schließt. Im dritten Kapitel des zweiten Bruchstücks hat er sich über
den *Geist der Zeit* hinwegzusetzen versucht, indem er ihn beschrieb. Auch
hier fallen scharfe Worte, die Enttäuschung über das Einmünden der
Französischen Revolution in die europäischen Koalitionskriege ist stark,
denn etwas muß *in unserer Zeit untergegangen sein, weil sogar das gewal-*
*tige Erdbeben der Revolution, vor welchem jahrhundertelang – wie bei*
*physischem Erdbeben – unendlich viel Gewürm aus der Erde kroch und sie*
*bedeckte, nichts Großes hervorbrachte und nachließ als am gedachten Ge-*
*würme schöne Flügel*[168].

Der heilige Sinn des *Überirdischen* ist nirgends mehr zu finden, alles
stellt sich in Kriegszeiten verflacht und weltlos dar, die Zeit bietet den
Ausdruck erkalteter Materie: *Wenn sonst Religion im Kriege war, so*
*ist jetzo nicht einmal in der Religion mehr Krieg – – aus der Welt*

vurde uns ein Weltgebäude, aus dem Äther ein Gas, aus Gott eine Kraft, us der zweiten Welt ein Sarg.[169]

Die *Levana* erscheint im Oktober 1806, dem Monat der Niederlage Preußens bei Jena und Auerstedt, die Franzosen sind in Bayreuth einmarchiert, Jean Paul erhält von Knebel Nachrichten aus Weimar. Auch dort haben sich die Franzosen jetzt einquartiert. Aber Jean Paul ist vorerst beruhigt: *Über unser Bayreuther Land zog die Kriegs-Hagelwolke nur als eine flüchtige Regenwolke, ohne Schloßen oder Blitze zu werfen.*[170] Schlimmeres hatte er die ganze Zeit über befürchtet, wollte mit der Familie schon nach Leipzig umsiedeln, hatte auch an Berlin gedacht und in Briefen an Jacobi einen möglichen Umzug nach München erwogen. Es kommt nicht dazu: *In dieser Sturm-Zeit weiß man wie auf einem wallenden Meer nicht, wo ein anderes befreundetes Schiff wogt und eilt.*[171]

All diese Unruhe färbt aber auch auf seine Arbeiten ab. Es entstehen Pläne zu politischen Schriften, und es entstehen Figuren, an denen er in satirischer Manier Angst, Vorsicht und Mißmut karikiert. Eine dieser Figuren ist der Feldprediger Schmelzle, der auf einer Reise nach Flätz begleitet wird: *Übrigens bitte ich die Kunstkenner, so wie ihren Nachtrab, die Kunstrichter, diese Reise, für deren Kunstgehalt ich als Herausgeber verantwortlich werde, bloß für ein Porträt (im französischen Sinne), für ein Charakterstück zu halten. Es ist ein will- oder unwillkürliches Luststück, bei dem ich so oft gelacht, daß ich mir für die Zukunft ähnliche Charakter-Gemälde zu machen vorgesetzt. – Wann könnte indes ein solches Luststückchen schicklicher der Welt ausgestellt und bescheret werden als eben in Zeiten, wo schweres Geld und leichtes Gelächter fast ausgeklungen haben...?*[172]

Ein *Luststück* also – aber wohl doch eines, das bis tief in die *Zeiten* reicht, denn Schmelzle macht sich lächerlich durch seine Angst, sein pedantisches Aufmerken auf jedes Detail, sein Schirmtragen bei heiterem Wetter (aus Furcht vor Blitzen), sein Rossegaloppieren, das nur ein Rosseschreiten ist, seine Verkündung der Hausgesetze in der Bedientenstube beim Abschied, sein Einpacken entgegengesetzt wirkender Arzneien. *Des Feldpredigers Schmelzle Reise nach Flätz* leitet mit diesem Spott, der nicht mehr durch die Perspektive des Humors gemildert wird, einen neuen Abschnitt von Jean Pauls Werk ein. Fachleute haben ihn das «Spätwerk» genannt, aber der Biograph sträubt sich gegen ein Früh-, Spät-, Zufrüh-, Zuspätwerk, weil derlei Unterscheidungen schon durch immer exaktere Aufzählung lächerlich werden wie Schmelzles Vorsicht, keine Klassifikation auszulassen. Aber dennoch – dies Werk zeigt etwas Neues an, denn der satirische, bittere Stil, den Jean Paul in der Jugend geübt hatte, wird jetzt mit beinahe souveräner Schärfe gehandhabt. Der Erzähler schlüpft ganz in die Gestalt des Porträtierten, und dadurch erhält der Leser unmittelbar Einblick in eine Psychologie des Versagens, Zitterns, Bebens und Streitens, die man sich kaum komischer vorstellen kann.

Noch deutlicher werden die Veränderungen gegenüber den großen Romanen erkennbar, wenn der Leser das nächste erzählende Werkchen, *Dr. Katzenbergers Badereise,* studiert. Denn Dr. Katzenberger ist ein Zyniker, Verfasser eines Werkes über Mißgeburten, Sammler des Ekel-Komischen, mit dem keiner auskommen kann. Er entsetzt die Menschen durch seinen Zynismus, seinen Geiz, seine Härte und ist in seiner medizinischen Einseitigkeit eine Art Vorbote rücksichtslosen naturwissenschaftlichen Forschens und Strebens. Das Porträt dieses Unmenschen steht im Mittelpunkt der Satire, die den hohen Gefühlen und Sehnsüchten kaum noch Raum zur Entfaltung gestattet. Im Gegenteil: Der berühmte Dichter Theudobach von Nieß, der inkognito Katzenberger und seine Tochter auf die Reise ins Bad Maulbronn begleitet, ist die lächerlichste Figur der Erzählung überhaupt, ein sentimentaler Schwärmer, der sich an seinen eigenen Werken berauscht, aber unfähig ist, die von ihm geliebte Tochter Katzenbergers zu erobern. Hier fällt ein Schatten auf das Dichten, und in einer merkwürdigen Wendung platzt dem Erzähler einmal die Frage heraus, warum nur die Dichtung zeige, was das Schicksal versage, warum die *armen blütenlosen Menschen* sich nur seliger Träume, nicht seliger Vergangenheiten erinnerten.[173]

Schärfer noch geht Katzenberger mit der Dichtung um, die er gerade beim Abendtisch vor empfindsamen Damen und aufmerksam lauschenden Jünglingen seziert. Das Lustspiel, führt er aus, sei noch zu loben; es errege im besten Falle ein Lachen und befreie möglicherweise von Lungengeschwüren und Rheumatismen. Anders das Trauerspiel, das entweder nur Langeweile errege oder Traurigkeit, die aber zu nichts führe als zu Leberverstopfung und Gelbsucht, zu entsalztem Urin und zu Darmkrämpfen. Müsse man, so seine Folgerung, nicht das Trauerspiel dem Lustspiel immer mehr annähern, etwa *durch eingestreute Possen, Fratzen und dergleichen, die man denn allmählich so lange anhäufen könnte, bis sie endlich das ganze Trauerspiel einnähmen und besetzten*[174]? Entrüstet fallen bei solchen Gedanken winddürre Empfindsame und andere junge Menschen ins Wort, die der Arzt aber leicht abwehrt durch seine immense Belesenheit. So werden in satirischer Zuspitzung die Waffen eines pragmatischen Wirklichkeitssinnes gegen die Höhenflüge übertriebener Poesie angesetzt. Der Leser lacht mit? – Gut, aber dann ist er mit Jean Paul ein anderer geworden. Er schwelgt nicht mehr mit den Helden, er begleitet sie nicht innerlich, er ist mißtrauisch geworden und hat sein Vergnügen an den Späßen Katzenbergers, die falsche Gefühle dekouvrieren.

Neben diesen Erzählungen entstehen politische Schriften, die auf die europäischen Kriegsveränderungen eingehen, so Anfang 1808 die *Friedens-Predigt an Deutschland gehalten von Jean Paul* und wenig später die *Dämmerungen für Deutschland.* In der *Friedenspredigt* wird die Verfassung Deutschlands nach dem Zusammenbruch des Reiches und der

*Karl Theodor von Dalberg.*
*Gemälde von T. Berg*

ründung des Rheinbundes weniger unter politischer als unter sittlicher
Absicht untersucht. Das Werk hebt die *Vaterlands- oder Deutschlands-
liebe* hervor, setzt sie aber nirgends in patriotischem Sinn der Franzosen-
errschaft entgegen: *Aber wozu diese harte Entgegensetzung zweier so
roßen Völker?*[175]

Zwar wird die Knechtschaft durch Eroberung herb kritisiert, aber es
wird den Deutschen kein Nationenhaß, keine besondere Nationeneitel-
eit (wie sie damals üblich zu werden begann) eingeredet. Die Deutschen
ollen – so Jean Paul – einen weltbürgerlichen Sinn behalten, sie sollen
on den Reformen, die durch die Eroberung ins Land getragen werden,
iel in ihr eigenes Rechtsleben tragen: *Niemand sprach mehr gegen die
deutsche Reichsverfassung als wir Deutsche sämtlich; bloß später söhnten
vir uns mehr mit ihr aus, als sie davon war, und hielten ... dem Leichnam
die gewöhnliche Lobrede.*[176] Die preußische Niederlage hat den verrotte-
en Zustand eines Landes nach außen gekehrt – so folgert Jean Paul in
lieser Schrift und in seinen Briefen. Nun ist Erneuerung, Reform, milita-
ische wie staatsbürgerliche, notwendig, die aber ohne nationalen Über-
tolz und Nationalegoismus geschehen soll.

Weitsichtig und nach Kräften den Frieden fordernd, predigt er in den
*Dämmerungen* gegen den Krieg: *Das Unglück der Erde war bisher, daß
zwei den Krieg beschlossen und Millionen ihn ausführten und ausstanden,
ndes es besser, wenn auch nicht gut gewesen wäre, daß Millionen beschlos-
en hätten, und zwei gestritten.*[177] Der heutige Leser wird jedoch beson-
lers bei einer Passage aufmerken, die geradezu bis in die Gegenwart zu

reichen scheint: *Der Mechanikus Henri in Paris erfand – approbierte Flinten, welche nach einer Ladung 14 Schüsse hintereinander geben; – welche Zeit wird hier dem Morden erspart und dem Leben genommen! – Und wer bürgt unter den unermeßlichen Entwicklungen der Chemie und Physik dagegen, daß nicht endlich eine Mordmaschine erfunden werde, welche wie eine Mine mit einem Schusse eine Schlacht liefert und schließt, so daß der Feind nur den zweiten tut, und so gegen Abend der Feldzug abgetan ist?* [178]

Die *Dämmerungen* streiten gegen Eroberer wie gegen Kriegshetzer, gegen *dieses Säbel- und Bajonetten-Jahrhundert*, gegen die Krieg führenden, für die Krieg erleidenden Menschen.

In seiner Privat-Politik hatte sich Jean Paul in diesen Jahren an den Fürstprimas des Rheinbundes, Karl Theodor von Dalberg, gehalten. Ihm schickte er die *Friedenspredigt* mit einer Widmung und in der Hoffnung, in Dalberg – nach vielen Fehlschlägen mit anderen Herrschern – den gewünschten Mäzen und Förderer zu finden. Dalberg bestärkte ihn auch schon bald in dieser Absicht; im April 1809 wurde Jean Paul auf seinen Vorschlag hin Ehrenmitglied des Frankfurter «Museums» und erhielt eine jährliche Rente von 1000 Gulden, die Dalberg aus seiner Privatschatulle bezahlte. So war die Familie in Zeiten, in denen viele Verleger vor den

*Die Rollwenzelei*

*Dorothea Rollwenzel*

Druck größerer Werke zurückschreckten, da sie erst den allgemeinen Frieden und eine Beruhigung der Verhältnisse abwarten wollten, wenigstens vor Not bewahrt.

Die Familie – sie machte Jean Paul während all dieser Veröffentlichungen zu schaffen. Manchmal saßen die Kinder neben ihm auf dem Kanapee, dann erzählte er ihnen, was er genossen haben mag; an anderen Tagen waren die Störungen durch den Haushalt kaum auszuhalten, vom Streit ganz zu schweigen. So beklagt er sich im Juli 1810 bei seinem Schwiegervater in Berlin, daß seine Frau ein Engel in Gesellschaft sei, *gegen Mann, Kinder und Hausgenossen eine Furie*[179]. Jean Paul hat in dieser Zeit wohl auch kurz an Scheidung gedacht, dann aber doch einen anderen Weg gewählt. Seit dem November 1809 kannte er die Rollwenzelei, eine Wirtschaft draußen vor der Stadt, die von der Wirtin Dorothea Rollwenzel geführt wurde. Im Laufe der Zeit bürgerten sich seine Besuche ein; die Wirtin umsorgte ihn mit allem, was er brauchte (der berühmte Gast war eine Art Aushängeschild für das Wirtshaus) – sie richtete ihm eine besondere Schreibstube ein, und so zog er an den frühen Morgenden zu Schreibarbeit, Biertrinken und Speisen hinaus. Der Leser bemerkt: Jean Paul flüchtete in seine frühen Arbeitsjahre zurück; was ihm früher die Mutter oder eine Haushälterin gewesen war, das war ihm jetzt die Rollwenzel. Nur aus der Ferne ließen sich die Familienverhältnisse ertragen – und daher kamen zu den Ausflügen vor die Tore Bayreuths allmählich auch wieder Reisen.

*Jean Paul-Stube im Obergeschoß der Rollwenzelei*

1810 traf er in Bamberg mit E. T. A. Hoffmann zusammen, was auf beide nicht besonders tief wirkte, und 1812 besuchte er in Nürnberg Friedrich Heinrich Jacobi, dem er in vielen Jahren bedeutsame Briefe vor allem philosophischen Inhalts geschrieben, den er jedoch noch nie gesehen hatte. Jacobi soll für ihn gleichsam die Stelle des gestorbenen und verehrten Herder einnehmen, aber auch diese Begegnung verläuft nicht so wie die herzlichen früherer Zeit, und es kommt zu einer gewissen Ernüchterung: «Hab' ich nur ihn gesehen, hatt' ich bisher gedacht, so werd ich ein neuer Mensch und begehre weiter keinen edel-berühmten Mann mehr zu sehen.» Ach! —[180]

Hinzu kommt, daß Jacobi sich mit den neueren Werken Jean Pauls – vor allem den Erzählungen – nicht recht anfreunden kann. Den *Katzenberger* will er nicht auslesen, auch an einem anderen Werk, dem *Leben Fibels,* kritisiert er herum. Diese Erzählung ist Parodie und Idylle zugleich. Einerseits parodiert sie nämlich die biographische Detail- und Kuriositätensucht damaliger Biographen, die sich in der Darstellung von Kants Leben versucht und keinen Anlaß ausgelassen hatten, aus dem Alltag des Denkenden eine fortschreitende Kette bedeutender Ereignisse zu machen. Andererseits schmiegt sie sich ihrem Helden, dem gelehrten Fibel, dem bekannten Verfasser des ABC-Buchs, mit beinahe wutzischer Treue an. Es ist eine Studie über das stille Leben, bewußt gegen das laute er Zeit gesetzt: *So haben leise Menschen tiefer, wenigstens fruchtbringen- er in die Zukunft hinein gehandelt als laute; den Stillen im Lande wurde fters Raum und Zeit das Sprachgewölbe, das sie zu den Lauten außer .andes machte.*[181]

War Jacobi anderes vom Autor gewohnt? Schreckte er vor den herben arodien auf die Eitelkeit der Schriftsteller, vor dem lachenden Nach- lang auf ein kleines Leben, das sich in den Wahn vertieft hatte, groß und edeutend zu werden, zurück? Es ist nicht recht auszumachen, man önnte es sich so denken. Denn gerade die Hinweise auf Jacobis Gelehr-

*Anfang der Vorrede zum «Leben Fibels»*

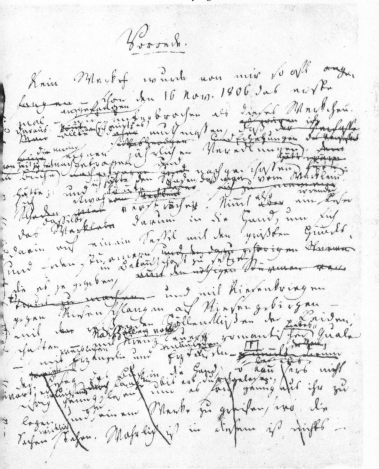

*Friedrich Heinrich Jacobi.*
*Kreidezeichnung*

teneitelkeit sind in Jean Pauls Nachrichten häufig: *Überall sieht er zu sehr*
*und zu ängstlich auf seine Erscheinung und Darstellung vor andern und*
*wagt gar nichts ... Er trägt schöne neumodisch herabgeschlagne weißglatte*
*Stiefel und Hosen von gutem Nanking und den jetzigen grauen Russen-Hut*
*... Er spricht ziemlich oft von seinen Werken; über meine persönlichen,*
*menschlichen und frühern und schreibenden Verhältnisse hat er keine*
*Frage gethan.*[182]

So bleibt die Reise ohne das rechte Vergnügen, aber sie ist immerhin
eine Abwechslung gegenüber der Bayreuther Einsamkeit, über die Jean
Paul oft klagt. Er arbeitet in diesen Jahren an vielen kleinen Zeitschrif-
tenaufsätzen, die ihm viel Zeit für größere Werke stehlen. Ganz beruhigt
über sein Auskommen ist er erst, als die von Dalberg ausgesetzte Pension
(nach dessen Sturz in der Folge der Niederlage Napoleons) von Bayern
übernommen wird. Napoleons Ende hat Jean Paul zeitig vorausgesehen.
Der Rußland-Feldzug, dieser Aufbruch in die letzte Hybris der Eroberung, erschien ihm als Wendepunkt; als man in Preußen zur Bildung der
Freikorps aufrief, begrüßte er den Aufstand gegen den Eroberer mit hel-
ler Freude. Noch 1814 forderte er die Bayreuther dazu auf, den Jahrestag
des Sieges der Alliierten über Napoleon in der Leipziger Völkerschlacht
festlich zu begehen. Seinen früheren Förderer Dalberg traf er kurz vor
dessen Tod in Regensburg. Die wenigen Wochen bereiteten ihm ein großes Gesprächsvergnügen, bevor er 1817 zu einer Reise nach Heidelberg
aufbrach, von der er nicht wußte, daß sie zum Höhepunkt seiner letzten
Jahre werden würde.

# Kometen

Er hatte sich lange genug vergraben, Neuauflagen seiner Werke korrigiert, kurze Reisen unternommen – noch einmal wollte er länger fortsein, ein, beinahe zwei Monate lang. So bricht er am 2. Juli 1817 über Bamberg und Würzburg nach Heidelberg auf. Der Empfang ist überaus herzlich, denn plötzlich erscheint es ihm so, als habe man ihn noch nicht vergessen, als stehe er noch immer im Mittelpunkt einer literarischen und dazu noch gelehrten Gesellschaft. Es ist die vertraute Konstellation: ein jüngerer Freund begleitet ihn wie ein jüngerer Bruder – das ist der Philosophieprofessor Heinrich Voß, der Sohn des Homer-Übersetzers, der in den letzten Jahren sein Berater werden wird; eine gebildete und geschätzte, kaum jüngere Freundin sucht seine Unterhaltung – das ist Henriette von Ende; kluge und aufmerksame Philosophen und Literaten treffen sich mit ihm – das sind die Professoren Hegel und Schwarz, Thibaut und Creuzer, Daub und Boisserée; und eine Familie ist da, in der er sich bald geborgen fühlt, indem er den Vater schätzt, die Mutter ehrt und sich in das Töchterchen verliebt – das ist die Familie des Theologen Paulus. So springt er von Teegesellschaften zu Abendessen, so hört er in der Singakademie Thibauts (die auf den jungen Schumann über ein Jahrzehnt später einen einen unauslöschlichen Eindruck machen sollte) altitalienische Musik und nimmt das Vivat der Studenten entgegen, die sich vor seinem Gasthof wie vor den Portalen des Olymps versammelt haben. Noch mehr: an einem Sonntag fährt eine große Gesellschaft mit dem Lustschiff stundenlang auf dem Neckar, und plötzlich erlebt er eine Verwandlung. Es ist, als habe einer die Zeit zurückgedreht und als befinde er sich unter den lebendig gewordenen Gestalten seiner Romane, *als das lange, halb bedeckte Schiff mit 80 Personen – bekränzt mit Eichenlaub bis an die bunten Bänder-Wimpel – begleitet von einem Beischiffchen voll Musiker – vor den Burgen und Bergen dahin fuhr. – Der größte Theil der Frauen und Männer saß an der langen von dem einen Ende des Schiffes zum andern langenden Tafel. Studenten – Professoren usw. – schöne Mädchen und Frauen – der Kronprinz von Schweden – ein schöner Engländer – ein junger Prinz von Waldeck usw., alles lebte in unschuldiger Freude ... Der Himmel legte eine Wolke nach der andern ab. Auf einem alten Burgfelsen wehte eine Fahne und Schnupftücher herunter, und junge Leute riefen Vivats. In unserm Schiffe*

*Henriette von Ende. Gemälde von A. Graff*

*wurden Lieder gesungen. Ein Nachen nach dem andern fuhr uns mit Musik und Gruß nach ... Die Freude der Rührung ergriff mich sehr; und mit großer Gewalt und mit Denken an ganz tolle und dumme Sachen mußt' ich mein Übermaß bezwingen.*[183]

Drei Tage später kommen offizielle Ehrungen hinzu. Auf Vorschlag Hegels wird Jean Paul zum Ehrendoktor der Universität ernannt, eine Jüngerschaft von Professoren begleitet ihn auf einer Lustfahrt nach Schwetzingen, er reist nach Weinheim, besucht Mannheim und Mainz, macht kurze Ausflüge in die Rheinumgebung – und liebt sich immer heftiger in die Zuneigung zur jungen Sophie Paulus hinein. Ohne solche Liebelei kann er sich nun einmal ein hohes Leben nicht vorstellen, alles ist sehr ernst gemeint und doch nicht im Ernst ausgeführt, so daß er es seiner Frau schreiben muß: *Ich habe seit 10 Jahren nicht so viel und so viele und so jugendlich empfindend geküßt als bisher ...*, um eilig und beschwichtigend hinzuzufügen: *Aber ich fühlte dabei das Feste und Hohe und Durch-*

*wurzelnde der ehelichen Liebe.* [184] Wie soll die bei den Kindern in Bayreuth Gebliebene das nun verstehen? Hatte sie ihm nicht in all den Ehe-
jahren viel Vorsicht und Rücksicht gewidmet? Hatte sie nicht verstanden,
daß er eine gewisse separate Lebensweise brauchte, um sich nicht fortge-
zogen zu fühlen? War sie ihm nicht mit gleichbleibender Verehrung und
einem scheuen Verständnis begegnet, das nur überzukippen drohte,
wenn er sein Einzelgängertum allzu deutlich kultivierte?

Ja, sie muß diese jugendlich gestimmten Heidelberger Nachrichten
mißverstehen, sie wird eifersüchtig, und sie traut ihm nicht mehr, als er
knapp ein Jahr später erneut nach Heidelberg aufbricht, um die Lebens-
feiern zu wiederholen. Da schickt sie ihm einen entschiedenen Brief hinterher und gibt ihm die Freiheit; er könne in Heidelberg bleiben, heißt es,
sie werde ihn nicht mehr halten. Nun ist Jean Paul aufgerufen, alles wieder ins Lot zu bringen. Er beeilt sich: *Ich bin hier nicht halb so froh als
früher, aus vielen Gründen. Die guten Menschen sind noch die Alten; aber
das Neue kann nicht zweimal kommen ... Das Familienleben fehlt mir
auch im prächtigen Gasthofe ...Ich gehe dieses mal ganz anders von Heidelberg fort als das vorige mal, wiewol auch da nichts in mir war, was dir
unlieb hätte sein sollen. Fast gar zu prosaisch seh ich jetzo alles an und die
«poetische Blumenliebe des vorigen Jahrs» ist leider (denn sie war so un-*

*Heinrich Voß.
Gemälde von F. Gareis*

*Heidelberger*
*Ehrendoktordiplom*

*schuldig) ganz und gar verflogen, eben weil sie ihrer Natur nach keine Dauer und Wiederholung kennt.*[185]

So zieht Jean Paul sich langsam zurück, die aufgebrochene Sympathie muß ein Irrtum gewesen sein – was er übrigens auch an der Heirat von Sophie Paulus und August Wilhelm Schlegel, die etwa zwei Monate nach seiner Abreise aus Heidelberg stattfindet, ablesen kann. Was bleibt? Ein kleiner Aufsatz (*Über das Immergrün unserer Gefühle*), den er schon ein Jahr zuvor unter stärkeren Eindrücken geschrieben hatte, und der Entschluß, sich der Vergangenheit zuzuwenden. Zehn Tage nach seiner Rückkehr aus Heidelberg beginnt er mit seiner *Selberlebensbeschreibung,* den Aufzeichnungen über seine Kindheit und Jugend in Wunsiedel, Joditz und Schwarzenbach, die der Leser schon kennt. Doch auch diese Aufzeichnungen werden unlustig abgebrochen.

Kein größeres Werk? Warum kein Roman? – fragt der Leser, und es fällt schwer, ihm zu antworten. Pläne und Notizen gibt es genug, schon seit Jahren stocken die Vorarbeiten, anscheinend drängte zunächst alles zu kleineren Formen, den satirischen Erzählungen, den großen theoretischen Abhandlungen. Das Gesamtwerk eines Autors ist schließlich eine

Art Lebensbau. Er selbst ahnt am genauesten, wo noch etwas anzufügen, aufzubauen, zu runden ist. So forderte die abgebrochene *Unsichtbare Loge* den *Hesperus* heraus, so gab der *Siebenkäs* den bürgerlichen Kontrast zur emphatischen Welt, so kennzeichnete der *Titan* das Zeitalter, so waren die *Flegeljahre* humoristische Heimkehr als Abgesang auf das hohe Leben. Schon in den Jahren 1804 und 1805 hat Jean Paul angedeutet, daß dieser Werkplan der breit angelegten Romane zu Ende gedacht war. Die Ästhetik und die Pädagogik gaben den Schluß, bevor mit den politischen Schriften und der Reise des Feldpredigers ein neuer Anfang gemacht wurde. Wo aber kulminiert er? – fragt der Leser, aber er wird noch um Geduld gebeten.

Denn Jean Paul arbeitet noch immer an kleineren Aufsätzen, steht morgens früh auf, trinkt Wasser und Kaffee, beginnt mit dem Schreiben (oder zieht an schöneren Tagen zur Rollwenzelei hinaus), unterhält sich beim Mittagessen mit den Kindern, schreibt wiederum, schlendert in die «Harmonie», um Zeitungen zu studieren, kommt zum Abendtisch zurück, unterhält sich mit Karoline – und geht zu Bett. Erst im Januar 1819 deutet er *zwei Bände eines neuen komischen Romans* an, *ob ich gleich an diesen seit mehren Jahren arbeite und mehr als 30 Bogen schon habe kopieren lassen; denn ich fange immer wieder von vornen an*[186].

Reisen nach Stuttgart und Löbichau kommen noch dazwischen, der in München studierende Sohn Max wird besucht, Gäste wie Henriette von Ende, Heinrich Voß, Schwiegervater Mayer, die Herzogin Dorothea von Kurland (die ihn mehrmals aufsucht, ihn auch nach Löbichau eingeladen hatte) werden empfangen; erst im November 1820 erscheinen dann die ersten beiden Bände des *Kometen,* nachdem die Arbeit am dritten Band schon aufgenommen worden war.

*Der Komet* sollte ein komisches Werk werden, ursprünglich hatte Jean Paul sogar vorgesehen, dem Titel *mein letztes komisches Werk* hinzuzufügen, *weil ich darin mich mit der komischen Muse einmal in meinem Leben ganz auszutanzen vorhatte; in der Tat wollt' ich mich einmal recht gehen und fliegen lassen*[187]. Daneben war an eine Art Spiegelung gedacht: die Lebensgeschichte des Nikolaus Marggraf, des Anti-Helden des Romans, sollte mit der *Selberlebensbeschreibung* zusammengefügt und durch diesen Kontrast auf zweiter Ebene gedeutet werden. Dazu kam es nicht, dennoch ist *Der Komet* im Verborgenen ein autobiographisches Resümee.

An der Oberfläche belegen das zunächst die zahlreichen Anspielungen Jean Pauls auf Momente der eigenen Lebensgeschichte; Theorie und Praxis des Magnetisierens, das er selbst studierte und ausübte, kamen ebenso zur Darstellung wie die von ihm in den letzten Jahrzehnten betriebene Wetterprophetie. Am Ende des zweiten Bändchens erkennt der Leser sogar *auf der entgegenstehenden Straße einen dürren Jüngling mit offner Brust und fliegendem Haare, und mit einer Schreibtafel in der Hand, sin-*

*Jean Paul. Scherenschnitt von Luise Duttenhofer, entstanden um 1819*

*gend im Trabe laufen*[188], der sich als der Kandidat Richter aus Hof im Voigtland vorstellt und bald als der Verfasser der *Auswahl aus des Teufels Papieren* begrüßt wird. (Der Biograph braucht kaum noch hinzuzufügen, daß Jean Paul den Roman also zu Beginn der neunziger Jahre des vergangenen 18. Jahrhunderts spielen läßt.) Das Porträt des jungen Richter ist ein Selbstporträt, das – ganz in der Tendenz der letzten Arbeiten – noch einmal die bittere Armut der Jugendjahre skizziert und sie mit dem enthusiastischen Eifer des schreibenden Debütanten durchdringt. Richter wird in die Hofgesellschaft des umherziehenden Nikolaus Marggraf aufgenommen und zum Wetterpropheten bestellt: *Wer es freilich wußte, wie der Kandidat in Hof, gleich faulem Holze, gedrückt und zerdrückt, doch nicht auszulöschen war, sondern zerkrümelt und unter manchem Wasser fortleuchtete: der mußte, wenn er nur halb so gutmütig dachte wie er, ihm den glänzenden Glückwechsel so gönnen wie ich.*[189]

Der angebliche Glückwechsel ist jedoch keiner, denn Nikolaus Marggraf, der Apotheker, ist nur ein Schein-Fürst, einer, der wie Don Quijote im Wahn lebt und sich längst ein Glück erträumt und zurechtgelegt hat, das vor der Wirklichkeit nicht bestehen kann und dadurch komisch wird. Marggraf ist ein Narr, und sein Narrentum beginnt schon in der Kindheit, in der er den Freunden weismachen will, er sei der Nachfolger des heiligen Nikolaus; in diesem Wahn wirft er sich zum Schutzheiligen auf und gibt im Landstädtchen Rom das komische Abbild eines Wohltäters: *Dies bewies er so schön am Tag darauf. Er schritt durch die romischen Gassen mit Würde, ohne einen einzigen Sprung, er hob den Kopf mehrmal gen Himmel, als woll' er etwas daran sehen, und senkte ihn schwer nieder, weil er darin viel hatte, und blickte einige Schuljugend, als sie aus der Schule mit Sprüngen rannte, in welche sie nur mit Schleichen wallfahrte, ganz bedeutend an, aber doch milde, weil ihm war, er habe als Schutzpatron sie mehr zu lieben und zu bedenken.*[190]

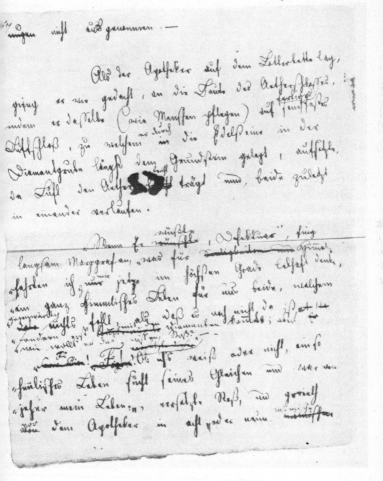

*Schloß Löbichau*

Marggrafs Leben wird zu einer Parodie auf das hohe Leben fürstlicher und adliger Gestalten; seine Haltungen und Handlungen sind bloß nachgeahmte, und die ganze Geschichte wird zum drastischen Gemälde einer wahnhaften Verfehlung, eines ins Komische gleitenden Übermuts, der ein *Aetherschloß* nach dem anderen entwirft und eine Gesellschaft von Freunden und Verwandten mit hineinzieht.

Im Tieferen aber ist Marggrafs Leben eine Parodie auf die Vorstellungskraft, das Phantasieren, Träumen und innerliche Schwelgen, das immer mehr ins Abseits gerät. Die erträumten Lebens-Kopien werden entlarvt, und am Ende des dritten Bändchens wird ihnen die Geschichte des dichterischen Wahns hinzugefügt, in der Gestalt Kains, des tollen Ledermenschen: *Denn ich soll gestraft werden für meine tausend Sünden, lauter Sünden in der Einsamkeit; auf meiner Studierstube war ich alles Böse durch Denken – Mordbrenner – Giftmischer – Gottleugner – ertretender Herrscher über alle Länder und alle Geister – Ehebrecher – innerer Schauspieler von Satansrollen und am meisten von Wahnwitzigen, in welche ich*

130

*mich hineindachte, oft mit Gefühlen, nicht herauszukönnen. – So werd' ich denn gestraft und fortgestraft durch Gedanken für Gedanken, und ich muß noch viel leiden.*[191] Kain ist der Gespaltene, der die Menschen haßt wegen ihrer erbärmlichen Eitelkeit und sie liebt (wie ein Kind) – wegen ihrer Hilflosigkeit. Zerrissen und voll von Lebensüberdruß wird er zu einem Schreckbild des hin- und hergeworfenen satanischen Charakters, lachend, fluchend, bittend, verzeihend, eine Art Untier, das sich nirgends festzuhalten weiß: *Alle traten weit von ihm weg, nicht aus Furcht, sondern vor Entsetzen.*[192]

Mit diesen Sätzen endet *Der Komet,* der Roman ist Fragment geblieben. Ahnt aber der Leser die Ungeheuerlichkeit des Werkes, dieses parodistische Spiel Jean Pauls mit dem eigenen Lebensgefühl, das – darüber hinaus – zu einer Parodie des Zeitalters der Restauration werden sollte, in dem die Potentaten der Kleinstaaten selbstherrlich die vorrevolutionären Rollen einnahmen und ausstudierten? In keinem anderen Werk hat Jean Paul derart unversöhnliche Szenen des Kontrasts zwischen Idealen und Wirklichkeit gezeichnet, in keinem anderen Werk hat er diesen Riß so schmerzhaft offengehalten. 1822 erschien der dritte Band, es war an eine Fortsetzung gedacht, aber das Gesetz dieses Werkes ließ ebensowenig eine Vollendung zu wie die Ereignisse der letzten Lebensjahre.

# Der Biograph entläßt den Leser

Mitte September 1821 trifft Jean Pauls Sohn Max, von einer schweren Krankheit gezeichnet, in Bayreuth ein, eine Woche später stirbt er. Jean Paul wird seinen Tod nicht mehr verwinden, wenig später nennt er das Jahr 1821 in einem Brief an Otto das *fürchterlichste Jahr meines Lebens*[193]. Eine Reise nach Dresden im folgenden Jahr, bei der er unter vielen Begegnungen besonders die mit Ludwig Tieck hervorhebt, kann ihn nicht mehr aufheitern. Im Oktober 1822 kommt der Tod von Heinrich Voß hinzu. Die dunklen Empfindungen verstärken sich immer mehr. Unter diesen Eindrücken arbeitet er an theoretisierenden Werken, an der Fortsetzung des *Kampaner Thals,* an einer Schrift über die Unsterblichkeit der Seele, *Selina.* Seit dem April 1823 läßt die Sehkraft seiner Augen nach, Besucher erkennen ihn kaum wieder, denn er ist stark abgemagert.

*Jean Paul im 61. Lebenjahr.*
*Pastellgemälde von L. Keul*

*Bayreuth*

Veite Fußmärsche sind nicht mehr möglich, er ist auf die Hilfestellung
einer Frau und der Töchter angewiesen. Er arbeitet noch an Neuausga-
ben seiner Werke, der Plan einer Gesamtausgabe wird erwogen, und Ver-
eger werden mit dem Projekt vertraut gemacht.

Im Juli 1824 schreibt er an seine Frau, die zu ihrer erkrankten Schwe-
ter nach Dresden gereist ist: *In diesem traurigsten Halbjahr meines Le-*
*ens – ach die vorigen der Armuth und Verachtung waren Sonntage dage-*
*en – wo mir so viel genommen und auferlegt wurde, alle Freuden genom-*

*men, Reise-, Garten-, Harmonie-, Arbeit- und Schreibfreuden und inner*
*und so viel auferlegt von fremden Herreisen in mein Haus an bis zu deine*
*Wegreisen aus ihm, hatt ich am 14<sup>ten</sup> Abends durch Walter den ersten froh*
*Sonnenblick in eine verschönerte Zukunft, indem er mir den innern Fei*
*meines Körpers – Walter fand mich abgefallen und den Puls ⅓ schwäch*
*als sonst – aufdeckte, nämlich meine irrige Diät, indem ich bisher ⅔ Wei*
*Bier, Rosoli so wie Essen weniger genommen. In 4 Wochen, sagte er, wü*
*ich an den Augen den Vortheil des stärkern Trinkens finden. Seit einig*
*Wochen hab ich mehr Appetit; und jetzo vollends. Ich erwarte seit dem 14*
*eine viel schönere Zukunft, zumal in Rücksicht meiner Melancholie; und*
*wird euch allen von mir Geplagten wohlthun.*[194]

Für ein paar Wochen bessert sich seine gesundheitliche Lage auch wir
lich, er zieht noch einmal in die Rollwenzelei hinaus und reist – sein
drohenden Erblindung wegen – nach Erlangen und Nürnberg, um si
behandeln zu lassen. Doch die Ärzte können ihm nicht helfen, er sie
bald so schlecht, daß er Briefe und schriftstellerische Arbeiten nur no
diktieren kann. Im April 1825 meldet er: *Verdrüßlich ists in jedem Fall*
*wenn man, nachdem das Beste in uns reif geworden z. B. der Verstan*
*noch darauf warten muß, bis noch etwas Schlimmes auch reif wird, d*
*graue Staar. – Und der ists jetzt in meinem linken Auge, und macht sog*
*Anstalten, im rechten ein Stäärchen auszubrüten. Auch Retina-Schwäch*
*befällt oft die Augen, so daß ich, für ein hiesiges Leben, Fegfeuer gen*
*habe – wovon auf dieses Papier ein gelber Wiederschein fällt – indem i*
*mich durchaus nicht an das Diktieren gewöhnen und nur schwer und mü*
*sam aus fremdem Vorlesen – bei der Schnelle und Viellautigkeit mein*
*Lektüre – schöpfen kann.*[195]

In demselben Monat hat er sein letztes Werk, *Kleine Bücherschau,* ein
Sammlung von Rezensionen, der eine *kleine Nachschule zur ästhetische*
*Vorschule* beigegeben wurde, beendet. Vorerst müssen ihm Frau un
Tochter noch vorlesen, als er aber den Plan der Gesamtausgabe erns
hafter erwägt, bittet er seinen Neffen Richard Otto Spazier, den er auf de
Dresdner Reise des Jahres 1822 kennengelernt hatte, nach Bayreut
Spazier übernimmt in den letzten Wochen die meisten Dienste, 
schreibt die Diktate der Vorworte zu den Neuauflagen, er stellt Zeitung
berichte zusammen, an den Abenden wird häufig musiziert. Der nun vö
lig Erblindete wünscht sich Lieder von Zelter und Schubert und läßt sic
aus Herders «Ideen zur Philosophie der Geschichte der Menschheit» vo
lesen. Seine Kräfte lassen immer mehr nach, man kann seine Stimm
kaum noch hören.

Am 14. November 1825 stirbt Jean Paul, abends gegen 20 Uhr; sein
Frau, der Freund Emanuel, Spazier und ein Dr. Stransky stehen a
Totenbett.

Drei Tage später wird er feierlich zu Grabe getragen. Ein langer Le
chenzug bewegt sich langsam zum Friedhof; die Armenschüler, die Mus

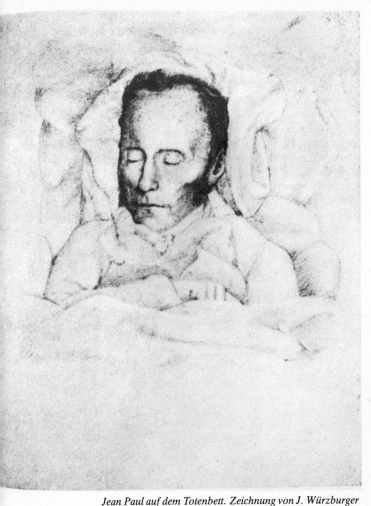

*Jean Paul auf dem Totenbett. Zeichnung von J. Würzburger*

kanten, die Volksschüler, die Gymnasiasten ziehen voran. Der Rektor des Gymnasiums und der Neffe Spazier sprechen am Grab, die Rollwenzel sitzt auf einem Stuhl daneben und betet.

Am 2. Dezember hält Ludwig Börne im Frankfurter Museum die Totenrede: «Ein Stern ist untergegangen, und das Auge dieses Jahrhunderts wird sich schließen, bevor er wieder erscheint; denn in weiten Bahnen

zieht der leuchtende Genius, und erst späte Enkel heißen freudig will-
kommen, von dem trauernde Väter einst weinend geschieden. Und eine
Krone ist gefallen von dem Haupte eines Königs! ... Nicht allen hat er
gelebt! Aber eine Zeit wird kommen, da wird er allen geboren, und alle
werden ihn beweinen. Er aber steht geduldig an der Pforte des zwanzigsten Jahrhunderts und wartet lächelnd, bis sein schleichend Volk ihm
nachkomme ...»[196]

Ist es nachgekommen, das Volk? – fragt der Leser, aber er selbst, der
vielleicht noch wenig von Jean Paul wußte und nun ein wenig mehr weiß,
gibt die beste Antwort. Immerhin sind aber einige Schriftsteller gefolgt.
Die Jungdeutschen ehrten ihn und stellten ihn neben Goethe, und die
bedeutendsten Schriftsteller des 19. Jahrhunderts (Heine, Büchner, Mö-
rike, Immermann, Stifter, Keller) lernten von ihm, bis das Bild sich in der
zweiten Hälfte des Jahrhunderts trübte; erst Stefan George machte das
moderne Publikum an der «Pforte des zwanzigsten Jahrhunderts» wieder
mit dem sprachgewaltigen Jean Paul bekannt, Hugo von Hofmannsthal
und Hermann Hesse schrieben über ihn.

*Jean Pauls Grab in Bayreuth*

*Jean Paul-Denkmal in Bayreuth*
*von L. von Schwanthaler*

Sein Warten aber ist immer ein andauerndes – und der Leser hat in Wahrheit nichts anderes zu tun als zu lesen, sich also die inzwischen gut edierten Werke zu besorgen und zu beginnen. Jean Paul ist ein Autor für den inneren, aber auch für den lauten Vortrag; man mag seine Werke vorlesen, dann machen sie mehrfaches Vergnügen. Der Leser mag sich aber auch zuweilen von seinem Stuhl erheben, um etwas zu reisen, ins Fichtelgebirge etwa, oder weiter östlich, um Leipzig und Dresden zu sehen und später zurückzukommen nach Bayreuth, wo ein Museum den großen Autor ehrt. Der Biograph würde ihn gern begleiten, ins Fichtelgebirge am liebsten. Dann könnte er einfach in die Gegend deuten und behaupten: dort liegt Wunsiedel, wo Jean Paul geboren wurde, südlich davon das Felsenlabyrinth der Luisenburg, nicht weit Alexandersbad...

# Anmerkungen

Jean Pauls «Privatorthographie», die sich vor allem in seinen Briefen und den während seines Lebens unveröffentlichten Arbeiten zeigt, wurde beibehalten. Seine Werke werden nach der Hanser-Ausgabe zitiert. Dabei gilt: I = Werke in 6 Bänden, hg. von Norbert Miller, Nachworte von Walter Höllerer, 1959 f. (Diese Ausgabe ist text- und seitenidentisch mit der zwölfbändigen Taschenbuchausgabe) arabische Ziffer = Bandzahl. II = Sämtliche Werke, Abteilung II: Jugendwerke und vermischte Schriften, hg. von Norbert Miller, München (Carl Hanser Verlag 1974; arabische Ziffer = Bandzahl. III = Sämtliche Werke. Hist.-krit. Ausgabe. Abt. III: Die Briefe, hg. von Eduard Berend, 1952 f.; arabische Ziffer = Bandzahl.

1 I,3, S.932/33
2 I,3, S.934
3 I,3, S.960
4 I,2, S.138
5 I,2, S.340
6 I,2, S.138
7 II,2, S.466
8 I,1, S.32
9 I,6, S.1047
10 I,6, S.1051/52
11 I,6, S.1075
12 I,6, S.1041
13 I,6, S.1044
14 Titel eines Aufsatzes von Jean Paul, 1814 in der Sammlung «Museum» erschienen (II,2, S.955 f.)
15 II,2, S.956
16 I,6, S.1062
17 I,6, S.1067
18 Vgl. Ursula Naumann: «Predigende Poesie. Zur Bedeutung von Predigt, geistlicher Rede und Predigertum für das Werk Jean Pauls». Nürnberg 1976
19 I,6, S.1054
20 I,6, S.1054
21 I,6, S.1056/57
22 I,6, S.1061
23 I,6, S.1057
24 I,6, S.1080
25 I,6, S.1092
26 II,1, S.11
27 II,1, S.36
28 Weiterführendes findet der Leser bei Wulf Köpke: «Erfolglosigkeit Zum Frühwerk Jean Pauls». München 1977
29 II,1, S.96
30 II,1, S.136/37
31 II,1, S.172
32 «Jean Pauls Persönlichkeit in Berichten der Zeitgenossen».Hg von Eduard Berend. 1956[2], S.3
33 II,1, S.185
34 III,1, S.31
35 III,1, S.32
36 II,1, S.321
37 II,1, S.485
38 «Wahrheit aus Jean Paul's Leben», Heftlein 3, Breslau 1828 S.271

39 Vgl. Wilhelm Schmidt-Biggemann: «Maschine und Teufel.
Jean Pauls Jugendsatiren nach ihrer Modellgeschichte». München
1975

40 III, 1, S. 66

41 Eine ausführliche Darstellung der
schriftstellerischen Veränderungen dieser Jahre findet der Leser
in einem Buch Burkhard Lindners
(«Jean Paul. Scheiternde Aufklärung und Autorrolle». Darmstadt
1976).

42 II, 2, S. 34

43 II, 2, S. 34/35

44 «Wahrheit aus Jean Paul's Leben», Heftlein 4, Breslau 1829,
S. 180

45 II, 2, S. 248

46 II, 1, S. 201

47 III, 1, S. 249

48 III, 1, S. 292

49 Jean Paul 1763–1963. Sonderaus-
stellung des Schiller-Nationalmu-
seums. Katalog Nr. 11. Bearb. von
E. Berend und W. Volke. Mar-
bach 1963, S. 18

50 II, 2, S. 590/91

51 Vgl. Schmidt-Biggemann, a. a. O.,
S. 276

52 II, 2, S. 592

53 Vgl. auch Wolfgang Harich: «Satire und Politik beim jungen Jean
Paul». In: «Sinn und Form» 19
(1967)

54 III, 1, S. 266

55 II, 2, S. 366

56 III, 1, S. 325

57 I, 1, S. 435

58 I, 1, S. 444

59 I, 1, S. 462

60 I, 1, S. 451

61 III, 1, S. 345

62 I, 1, S. 46

63 I, 1, S. 367

64 I, 1, S. 379

65 I, 1, S. 321

66 I, 1, S. 219

67 «Wahrheit aus Jean Paul's Le-

ben», Heftlein 5, Breslau 1830,
S. 8

68 Vgl. die Einleitung (S. XI) zum
dritten Band der 1. Abteilung der
hist.-krit. Ausgabe

69 I, 1, S. 590

70 I, 1, S. 583

71 I, 1, S. 651

72 I, 1, S. 872

73 III, 1, S. 398

74 I, 4, S. 197

75 I, 4, S. 196/97

76 I, 4, S. 197

77 I, 4, S. 198

78 I, 4, S. 200/01

79 I, 4, S. 202

80 I, 4, S. 10

81 I, 4, S. 269

82 I, 4, S. 278

83 I, 4, S. 298

84 I, 4, S. 347/48

85 I, 4, S. 348

86 I, 4, S. 355

87 I, 4, S. 358

88 I, 4, S. 360/61

89 I, 4, S. 361

90 I, 5, S. 253

91 I, 5, S. 254

92 I, 5, S. 255

93 I, 2, S. 93

94 I, 2, S. 53

95 I, 2, S. 156

96 I, 2, S. 289

97 I, 2, S. 290

98 I, 2, S. 358

99 I, 2, S. 270

100 III, 2, S. 206

101 III, 2, S. 206

102 III, 2, S. 206

103 III, 2, S. 211/12

104 III, 2, S. 210

105 III, 2, S. 210

106 III, 2, S. 216

107 III, 2, S. 217

108 III, 2, S. 211

109 «Jean Pauls Persönlichkeit in Berichten der Zeitgenossen». Hg.
von E. Berend, a. a. O. S. 17

110 I, 4, S. 20

111 I,4, S. 22/23
112 I,4, S. 26/27
113 I,4, S. 28
114 III,2, S. 343
115 III,2, S. 350
116 III,2, S. 352
117 III,2, S. 387
118 III,3, S. 9
119 III,3, S. 28
120 III,3, S. 47
121 III,3, S. 51
122 III,3, S. 94
123 III,3, S. 115/16
124 III,3, S. 141
125 III,3, S. 140
126 III,3, S. 141
127 I,4, S. 1036
128 I,4, S. 1039
129 III,3, S. 171
130 III,3, S. 184
131 III,3, S. 193/94
132 III,3, S. 216
133 III,3, S. 335
134 III,3, S. 342
135 III,3, S. 369
136 III,4, S. 15
137 III,4, S. 79
138 III,4, S. 97/298
139 III,3, S. 163
140 III,3, S. 186
141 I,3, S. 22
142 I,3, S. 37
143 III,2, S. 96
144 III,3, S. 129
145 III,4, S. 236/37
146 I,3, S. 263
147 I,3, S. 766/67
148 Vgl. Max Kommerell: «Jean Paul». Frankfurt a. M. 1933
149 I,3, S. 830
150 III,4, S. 202
151 III,4, S. 240
152 I,2, S. 619
153 I,2, S. 621
154 I,2, S. 622
155 I,2, S. 623
156 I,2, S. 814
157 I,2, S. 814
158 I,2, S. 876
159 III,5, S. 1
160 III,4, S. 164
161 III,4, S. 202
162 II,2, S. 832
163 II,2, S. 837
164 III,5, S. 19
165 III,5, S. 74
166 III,5, S. 83
167 III,5, S. 85
168 I,5, S. 570
169 I,5, S. 570
170 III,5, S. 126
171 III,5, S. 130
172 I,6, S. 9
173 I,6, S. 289
174 I,6, S. 221
175 I,5, S. 889
176 I,5, S. 885
177 I,5, S. 962
178 I,5, S. 961
179 III,6, S. 123
180 III,6, S. 272
181 I,6, S. 368
182 III,6, S. 273/74
183 III,7, S. 125/26
184 III,7, S. 138/98
185 III,7, S. 206 und 210
186 III,7, S. 245
187 I,6, S. 569
188 I,6, S. 832
189 I,6, S. 834
190 I,6, S. 594
191 I,6, S. 1003
192 I,6, S. 1004
193 III,8, S. 141
194 III,8, S. 263
195 III,8, S. 282
196 «Jean Paul im Urteil seiner Kritiker. Dokumente zur Wirkungsgeschichte Jean Pauls in Deutschland». Hg. von Peter Sprengel. München 1980. S. 101

# Zeittafel

ne ausführliche «Jean Paul-Chronik. Daten zu Leben und Werk», zusammenge-
ellt von Uwe Schweikert, Wilhelm Schmidt-Biggemann und Gabriele Schwei-
rt, erschien 1975 im Carl Hanser Verlag.

'63  21. März: Geburt Johann Paul Friedrich Richters in Wunsiedel als erstes
     Kind der Eheleute Johann Christian Christoph Richter und Sophia Rosina
     Richter geb. Kuhn

'65  Umzug der Familie nach Joditz, wo der Vater eine Pfarrstelle antritt

'76  Umzug der Familie nach Schwarzenbach

'78  Die ersten Exzerptenhefte entstehen

'79  Freundschaft mit Adam Lorenz von. Oerthel und Christian Georg Otto. –
     Besuch des Hofer Gymnasiums. – 25. April: Tod des Vaters

'80  11. Oktober: Rede bei der Schulentlassung (*Über den Nutzen und Schaden
     der Erfindung neuer Wahrheiten*). Die *Übungen im Denken* entstehen

'81  Erster Romanversuch, der Briefroman *Abelard und Heloise*. – Mai: Studium
     in Leipzig (Theologie). – Erste schriftstellerische Versuche. – November:
     Entschluß, das Studium aufzugeben

'82  Arbeit am ersten Teil der *Grönländischen Prozesse*

'83  Der erste und zweite Band der *Grönländischen Prozesse* erscheinen

'84  12. November: Flucht aus Leipzig vor den Gläubigern nach Hof

'87  Antritt des Hofmeisteramts auf dem Rittergut in Töpen

'89  Die *Auswahl aus des Teufels Papieren* erscheint. – April: Ende des Hofmei-
     steramts

'90  März: Hofmeister in Schwarzenbach. – 15. November: *Wichtigster Abend
     meines Lebens*

'91  Arbeit am *Wutz*. – 15. März: Beginn der Niederschrift der *Unsichtbaren
     Loge*

'92  7. Juni: Das Manuskript der *Unsichtbaren Loge* wird an K. P. Moritz ge-
     schickt. – 21. September: Nach vielen Vorarbeiten Beginn der Niederschrift
     des *Hesperus*

'93  Liebe zu Amöne Herold. – 16. Januar: *Merkwürdigster Abend meines Le-
     bens*. – 26. April: Tod von K. P. Moritz. – August: Verlobung mit Karoline
     Herold, der jüngeren Schwester Amöne Herolds

'94  3. Mai: Rückkehr von Schwarzenbach nach Hof. – 21. Juni: Ende der Arbeit
     am *Hesperus*. – 1. Dezember: Die Verlobung mit Karoline Herold wird auf-
     gelöst

'95  Arbeit am *Quintus Fixlein*, den *Biographischen Belustigungen* und dem *Sie-
     benkäs*

1796   9. Juni–2. Juli: Reise nach Weimar. – 16. Juni: Bei der Herzogin Anna Am
lia in Schloß Tiefurt. – 17. Juni: Bei Goethe. – 23. Juni: Zweite Einladu
Goethes. – 25. Juni: Zu Besuch bei Schiller. – Begegnungen mit Charlot
von Kalb, Herder, Ludwig von Knebel u. a. – 21. August: *Geschichte mein*
*Vorrede zur zweiten Auflage des Quintus Fixlein* beendet. – Arbeit am *Jube*
*senior*

1797   Arbeit am *Kampanerthal*. – 3. Juli: Emilie von Berlepsch besucht Jean Pa
in Hof. – 25. Juli: Tod der Mutter. – 5.–12. August: Jean Paul besucht Emil
von Berlepsch in Franzensbad. – 28. Oktober: Umzug nach Leipzig.
20. Dezember: Emilie von Berlepsch trifft in Leipzig ein

1798   13. Januar: Eheversprechen für Emilie von Berlepsch. – Ende Februa
Rücknahme des Eheversprechens. – Arbeit an den *Palingenesien*. – 15. M
– Ende Mai: Aufenthalt in Dresden, Begegnungen mit dem Verleger Mat
dorff u. a. – 16.–20. Juli: Aufenthalt in Giebichenstein bei dem Komponiste
Johann Friedrich Reichardt. – 21.–27. Juli: Aufenthalt in Halberstadt b
Ludwig Gleim. – 21. August: Abreise nach Weimar über Jena. – 23. August
3. September: Aufenthalt in Weimar (Begegnungen mit Herder, der He
zogin-Mutter Anna Amalia, Wieland u. a.). – 13. Oktober: Beginn des wic
tigen Briefwechsels mit Friedrich Heinrich Jacobi. – 24./25. Oktober: Un
zug von Leipzig nach Weimar

1799   Januar: Begegnungen mit Schiller. – 16. Januar: Jean Paul zusammen m
Schiller und Herder bei Goethe eingeladen. – Arbeit am *Titan*. – 21.
28. Mai: Aufenthalt in Hildburghausen, Intensivierung der Freundschaft m
Karoline von Feuchtersleben. – 15. August: Jean Paul wird durch den He
zog von Hildburghausen zum Legationsrat ernannt. – 1.–14. Oktober: Reis
nach Hildburghausen. – 31. Dezmber: Silversternachtsfest nach Einladu
durch die Herzogin Anna Amalia

1800   2.–6. Mai: Aufenthalt in Ilmenau, die Begegnung mit Karoline von Feuc
tersleben führt zur Auflösung der Verlobung. – Mai: Der erste Band de
*Titan* erscheint. – 23. Mai–24. Juni: Aufenthalt in Berlin (Begegnungen m
Königin Luise von Preußen, Josephine von Sydow, Rahel Levin, dem Verle
ger Matzdorff u. a.) – trifft zum erstenmal mit Karoline Mayer, seiner spät
ren Frau, zusammen. – 30. September: Umzug von Weimar nach Berlin.
November: Verlobung mit Karoline Mayer. – Begegnungen mit Friedric
Gentz, Tieck, Schleiermacher, Bernhardi u. a.

1801   Januar: Treffen mit Fichte. – 27. Mai: Hochzeit mit Karoline von Mayer.
2.–16. Juni: Jean Paul reist mit seiner Frau nach Weimar. – 16. Juni: Vo
Weimar nach Meiningen, wo eine Wohnung bezogen wird. – Juni: Nach de
Erscheinen des zweiten Bandes des *Titan* Arbeit am dritten Band

1802   Mai: Der dritte Band des *Titan* erscheint. – 5.–12. Juli: Aufenthalt in We
mar. – 20. September: Geburt der ersten Tochter Emma Emanuele Georgin
Amalie Idoine. – Dezember: Abschluß des vierten Bandes des *Titan*

1803   30. Januar–4. Februar: Aufenthalt in Weimar. – Arbeit an den *Flegeljahre*
– Mai: Der vierte Band des *Titan* erscheint. – 2. Juni: Umzug von Meininge
nach Coburg. – 23. Oktober: Band 3 der *Flegeljahre* abgeschlossen. – Arbe
an der *Vorschule der Aesthetik*. – 18. Dezember: Tod Herders

1804   17.–25. Mai: Reise nach Bamberg und Erlangen. – 12. August: Nach Umzu
Ankunft in Bayreuth

# Zeugnisse

Georg Christoph Lichtenberg
Ein Schriftsteller wie Jean Paul ist mir noch nicht vorgekommen, unter allem was ich seit jeher gelesen habe. Eine solche Verbindung von Witz, Phantasie und Empfindung möchte auch wohl ungefähr das in der Schriftsteller-Welt sein, was die große Konjunktion dort oben am Planeten-Himmel ist. Einen allmächtigern Gleichnis-Schöpfer kenne ich gar nicht. Haben Sie wohl die Stelle in dem *Kampaner Tal* gelesen, wo Gione in einem Luftball aufsteigt? Ich kann mich nicht erinnern, daß seit langer Zeit irgend nur ein Bild einen so hinreißenden Eindruck auf mich gemacht hat.                                                                                    *1798*


Friedrich Schlegel
Der große Haufen liebt Friedrich Richters Romane vielleicht nur wegen der anscheinenden Abenteuerlichkeit. Überhaupt interessiert er wohl auf die verschiedenste Art und aus ganz entgegengesetzten Ursachen. Während der gebildete Ökonom edle Tränen in Menge bei ihm weint, und der strenge Künstler ihn als das blutrote Himmelszeichen der vollendeten Unpoesie der Nation und des Zeitalters haßt, kann sich der Mensch von universeller Tendenz an den grotesken Porzellanfiguren seines wie Reichstruppen zusammengetrommelten Bilderwitzes ergötzen, oder die Willkürlichkeit in ihm vergöttern.                                                            *1798*


Johann Wolfgang von Goethe
Ein Mann, der des Orients Breite, Höhen und Tiefen durchdrungen, findet, daß kein deutscher Schriftsteller sich den östlichen Poeten und sonstigen Verfassern mehr als Jean Paul Richter genähert habe. Allerdings zeugen, um von der Persönlichkeit anzufangen, die Werke des genannten Freundes von einem verständigen, umschauenden, einsichtigen, unterrichteten, ausgebildeten und dabei wohlwollenden, frommen Sinne. Ein so begabter Geist blickt, nach eigentlichst orientalischer Weise, munter und kühn in seiner Welt umher, erschafft die seltsamsten Bezüge, verknüpft das Unverträgliche, jedoch dergestalt, daß ein geheimer ethischer Faden sich mitschlinge, wodurch das Ganze zu einer gewissen Einheit geleitet wird.                                                                                        *1819*

## Robert Schumann

In allen seinen Werken spiegelt sich Jean Paul selbst ab, aber jedesmal in zwey Personen: er ist der Albano u. Schoppe, Siebenkäs u. Leibgeber, Vult und Walt, Gustav u. Fenk, Flamin u. Victor. Nur der einzige Jean Paul konnte in sich selbst zwey solche verschiedenen Charactere in sich allein verbinden; es ist übermenschlich: aber er ist es doch – immer harte Gegensätze, wenn auch nicht Extreme vereint er in seinen Werken u. in sich – u. er ist es doch nur allein. *1828*

## Heinrich Heine

Man hat ihn den Einzigen genannt. Ein treffliches Urteil, das ich jetzt erst ganz begreife, nachdem ich vergeblich darüber nachgesonnen, an welcher Stelle man in einer deutschen Literaturgeschichte von ihm reden müßte. Er ist fast gleichzeitig mit der romantischen Schule aufgetreten, ohne im mindesten daran teilzunehmen, und ebenso wenig hegte er später die mindeste Gemeinschaft mit der Goetheschen Kunstschule. Er steht ganz isoliert in seiner Zeit, eben weil er, im Gegensatz zu den beiden Schulen, sich ganz seiner Zeit hingegeben und sein Herz ganz davon erfüllt war. Sein Herz und seine Schriften waren eins und dasselbe. *1836*

## Gottfried Keller

Ich hatte, nach Büchern herumspürend, in der Leihbibliothek unserer Stadt einen Roman des Jean Paul in die Hände bekommen. In demselben schien mir plötzlich alles tröstend und erfüllend entgegenzutreten, was ich bisher gewollt und gesucht oder unruhig und dunkel empfunden ... Diese Herrlichkeit machte mich stutzen, dies schien mir das Wahre und Rechte! *1854*

## Friedrich Nietzsche

Jean Paul wußte sehr viel, aber hatte keine Wissenschaft, verstand sich auf allerlei Kunstgriffe in den Künsten, aber hatte keine Kunst, fand beinahe nichts ungenießbar, aber hatte keinen Geschmack, besaß Gefühl und Ernst, goß aber, wenn er davon zu kosten gab, eine widerliche Tränenbrühe darüber, ja er hatte Witz, – aber leider für seinen Heißhunger danach viel zu wenig: weshalb er den Leser gerade durch seine Witzlosigkeit zur Verzweiflung treibt. Im ganzen war er das bunte starkriechende Unkraut, welches über Nacht auf den zarten Fruchtfeldern Schillers und Goethes aufschoß; er war ein bequemer guter Mensch, und doch ein Verhängnis, – ein Verhängnis im Schlafrock. *1880*

Stefan George
Von einem dichter will ich euch reden einem der größten und am meiste
vergessenen und aus seinem reichen vor hundert jahren ersonnenen le
benswerk einige seiten lösen von überraschender neuheit unveränderli
cher pracht und auffallender verwandtschaft mit euch von heute, dami
ihr wieder den reinen quell der heimat schätzen lernet und euch nicht z
sehr verlieret in euren mennig-roten wiesen euren fosfornen gesichter
und euren lilaträumen.                                              *1896*

Hugo von Hofmannsthal
Vielleicht ist uns dieser Überschwang darum so fremd, weil wir heute i
einem andern Überschwang, diesem entgegengesetzt, befangen sind. Da
in Freude und Wehmut ausschweifende Ich ist selten unter uns, deste
häufiger ein dumpfes, beschwertes, ängstlich-selbstsüchtiges Wesen. Da
Aufgeschlossene, die grenzenlos gesellige zarte Gesinnung ist uns verlo
ren, statt dessen sind wir in die Materie zu viel und zu wenig eingedrun
gen, das allseitig Bedingte zieht uns in einen trostlosen Wirbel . . .
                                                                   *1913*

Robert Walser
Man kann irgendeines seiner Bücher, vor allem die *Flegeljahre,* im Tier
garten zu Berlin lesen, man kann dieses reiche Buch nach Japan mitneh
men oder auf eine Schweizerreise. Das Buch liest sich auf der Petersinse
im Bielersee so angenehm wie auf der Estrade eines Omnibusses in Lon
don, denn es ist ein Buch voll Welt, voll Leben. Dieses Buch ist die schön
ste, heiterste Mischung von Weltmännischkeit und dörflichem Idyll, e
kleinstädelt und großstädelt darin lustig durcheinander.            *1925*

Max Kommerell
Die Urgedanken Jean Pauls: Liebe, Traum, Tod, Musik, wie er sie denkt
sind Speichen und stecken in der Nabe des ich-bedingten Geistes, de
leib-bedingten Ichs, und die Drehung dieser Nabe um einen Punkt, de
wohl in der Nabe, aber nicht die Nabe ist, sondern wie jeder Punkt, nu
als Begriff besteht, heißt Humor.                                  *1933*

Hans Wollschläger
Ich meine ja, er ist zuletzt doch der Erste Name der deutschen Zeiten
Jean Paul; Zugang zu ihm möchte man allen jenen bedauernswerten Le
sern wünschen, die von der deutschen Literatur nur kennen, was auf
Zeitgenössische gekommen ist.                                      *1981*

# Bibliographie

## 1. Bibliographien und Forschungsberichte

BEREND, EDUARD: Jean-Paul-Bibliographie. Neu bearb. u. erg. v. JOHANNES KROGOLL. Stuttgart 1963

FUHRMANN, EIKE: Jean-Paul-Bibliographie 1963–1965. In: Jahrbuch der Jean-Paul-Gesellschaft 1 (1966), S. 163 f

MEHRWALD, RENATE: Jean-Paul-Bibliographie 1966–1969. In: Jahrbuch der Jean-Paul-Gesellschaft 5 (1970)

MARTINI, FRITZ: Jean-Paul-Forschung und Jean-Paul-Literatur. In: DVjs 14 (1936), S. 305 f

KROGOLL, JOHANNES: Probleme und Problematik der Jean-Paul-Forschung (1936–1967). Ein Bericht. In: JbFdtH 1968, S. 425 f

SCHWEIKERT, UWE: Jean Paul. Stuttgart 1970 (Sammlung Metzler 91)

WUTHENOW, RALPH-RAINER: «Der sentimentale Jean Paul ist tot.» Anmerkungen zu neuer Jean-Paul-Literatur. In: Text und Kritik, Sonderband Jean Paul (1970), S. 125 f

KRUMME, P., und LINDNER, B.: Absolute Dichtung und Politik. Tendenzen der Jean-Paul-Forschung. In: Text und Kritik. Sonderband Jean Paul. 1974². S. 116 f

WEIGL, E.: Subjektivismus, Roman und Idylle. Anmerkungen zur Jean-Paul-Forschung (1968–1973). In: Text und Kritik. Sonderband Jean Paul. 1974². S. 125 f

Jahrbuch der Jean-Paul-Gesellschaft. Hg. von KURT WÖLFEL. Jahrgang 1 (1966) f [Darin ausführliche Rezensionen zu neuerer Literatur]

## 2. Gesamtausgaben

Jean Paul's sämmtliche Werke. Bd. 1–65. Hg. v. R. O. SPAZIER und ERNST FÖRSTER. Berlin 1826 f – 2. Auflage in 33 Bänden. 1840 f – 3. Auflage in 34 Bänden. 1860 f

Jean Paul's Werke. 60 Theile. Berlin 1868 f (Hempel'sche Ausgabe)

Jean Pauls Sämtliche Werke. Hist.-krit. Ausgabe. Hg. v. EDUARD BEREND. Abt. I, Bd. 1–19; Abt. II, Bd. 1–5; Abt. III, Bd. 1–9. Weimar 1927 f

Jean Paul: Werke. Hg. v. NORBERT MILLER. I, Band 1–6; II, Band 1–3. München 1959 f (Hanser-Klassiker-Ausgabe [Auswahlausgabe])

## 3. Einzelne Werke (Veröffentlichungen zu Lebzeiten)

Grönländische Prozesse, oder Satirische Skizzen. Bd. 1. Berlin 1783; Bd. 2. Berlin 1783 (beide anonym). 2. Aufl. (mit Verfasserangabe): 1821/22

Auswahl aus des Teufels Papieren nebst einem nöthigen Aviso vom Juden Mendel. Gera 1789 (anonym)

Die unsichtbare Loge. Eine Biographie. Berlin 1793. 2. Aufl.: 1821/22

Hesperus, oder 45 Hundposttage. Eine Lebensbeschreibung. Berlin 1795 (in drei «Heftlein»). 2. Aufl.: 1798 (in vier «Heftlein»). 3. Aufl.: 1819

Leben des Quintus Fixlein, aus funfzehn Zettelkästen gezogen; nebst einem Mustheil und einigen Jus de tablette. Bayreuth 1796. 2. Aufl.: 1801

Jean Paul's biographische Belustigungen unter der Gehirnschale einer Riesin. Berlin 1796

Blumen-, Frucht- und Dornenstücke; oder Ehestand, Tod und Hochzeit des Armenadvokaten F. St. Siebenkäs. Berlin 1796/97 (in drei Bändchen). 2. Aufl.: 1818 (in vier Bändchen)

Geschichte meiner Vorrede zur zweiten Auflage des Quintus Fixlein. Bayreuth 1797

Der Jubelsenior. Ein Appendix. Leipzig 1797

Das Kampaner Thal oder über die Unsterblichkeit der Seele; nebst einer Erklärung der Holzschnitte unter den 10 Geboten des Katechismus. Erfurt 1797

Palingenesien. Gera 1798

Jean Pauls Briefe und bevorstehender Lebenslauf. Gera und Leipzig 1799

Titan. Bd. 1–4. Berlin 1800–1803

Komischer Anhang zum Titan. Bd. I/II. Berlin 1800f

Clavis Fichtiana seu Leibgeberiana. Erfurt 1800

Das heimliche Klaglied der jetzigen Männer; eine Stadtgeschichte. Die wunderbare Gesellschaft in der Neujahrsnacht. Bremen 1801

Flegeljahre. Eine Biographie. Bd. 1–4. Tübingen 1804f

Vorschule der Aesthetik, nebst einigen Vorlesungen in Leipzig über die Parteien der Zeit. Hamburg 1804. 2. Auf.: 1813

Jean Paul's Freiheits-Büchlein. Tübingen 1805

Levana oder Erziehlehre. Braunschweig 1807. 2. Aufl.: 1814

Ergänzungs-Blatt zur Levana. Braunschweig 1807

Friedens-Predigt an Deutschland gehalten von Jean Paul. Heidelberg 1808

Des Feldpredigers Schmelzle Reise nach Flätz mit fortgehenden Noten; nebst der Beichte des Teufels bey einem Staatsmanne. Tübingen 1809

Dr. Katzenbergers Badereise; nebst einer Auswahl verbesserter Werkchen. Heidelberg 1809. 2. Aufl.: 1823

Dämmerungen für Deutschland. Tübingen 1809

Herbst-Blumine, oder gesammelte Werkchen aus Zeitschriften. Bd. 1. Tübingen 1810; Bd. 2. Stuttgart und Tübingen 1815; Bd. 3. Stuttgart und Tübingen 1820

Leben Fibels, des Verfassers der Bienrodischen Fibel. Nürnberg 1812

Museum. Stuttgart und Tübingen 1814

Mars und Phöbus Thronwechsel im J. 1814; eine scherzhafte Flugschrift. Tübingen 1814

Politische Fastenpredigten während Deutschlands Marterwoche. Stuttgart und Tübingen 1817

Über die deutschen Doppelwörter; eine grammatische Untersuchung in zwölf alten Briefen und zwölf neuen Postskripten. Stuttgart und Tübingen 1820

Der Komet, oder Nikolaus Marggraf. Eine komische Geschichte. Bd. 1 und 2. Berlin 1820; Bd. 3. Berlin 1822

Kleine Bücherschau. Gesammelte Vorreden und Rezensionen, nebst einer kleinen Nachschule zur ästhetischen Vorschule. Breslau 1825

## 4. Briefe und Lebenszeugnisse

Jean Paul: Die Briefe. Hg. v. EDUARD BEREND. Bd. 1–4. München 1922f

Jean Pauls Sämtliche Werke. Hist.-krit. Ausgabe. Abt. III: Die Briefe. Bd. 1–9. Weimar 1952f

Jean Paul: Briefe an Friedrich Heinrich Jacobi. Berlin 1828 (= Bd. 60 der Sämmtlichen Werke)

Jean Paul: Briefwechsel mit seinem Freunde Christian Otto. Bd. 1–4. Berlin 1829f

Heinrich Voß und Jean Paul: Briefwechsel. Hg. v. ABRAHAM VOSS. Heidelberg 1833

Jean Paul: Briefe an eine Jugendfreundin. Hg. v. J. FR. TÄGLICHSBECK. Brandenburg 1858

Denkwürdigkeiten aus dem Leben von Jean Paul Friedrich Richter. Hg. von ERNST FÖRSTER. Bd. 1–4. München 1863

Charlotte v. Kalb: Briefe an Jean Paul und dessen Gattin. Hg. von PAUL NERRLICH. Berlin 1882

Jean Paul: Briefwechsel mit seiner Frau und Christian Otto. Hg. von PAUL NERRLICH. Berlin 1902

Johann Bernhard Hermann: Briefe an Albrecht Otto und Jean Paul. Hg. von KURT SCHREINERT. Tartu (Dorpat) 1933

Jean Paul und Herder: Der Briefwechsel Jean Pauls und Karoline Richters mit Herder und der Herderschen Familie in den Jahren 1785–1804. Hg. von PAUL STAPF. Bern und München 1959

Wahrheit aus Jean Paul's Leben. Heftlein 1–8. Hg. von CHRISTIAN OTTO (1–3) und ERNST FÖRSTER (4–8). Breslau 1826f

SPAZIER, RICHARD OTTO: Jean Paul Friedrich Richter in seinen letzten Tagen und im Tode. Breslau 1826

Jean Pauls Persönlichkeit in Berichten der Zeitgenossen. Hg. von EDUARD BEREND. Weimar 1956[2] [Ergänzungsband der Hist.-krit. Ausgabe]

## 5. Dokumente zur Wirkung

Sammlung der zeitgenössischen Rezensionen von Jean Pauls Werken, 1. Band. Hg. von KURT WÖLFEL. Jahrbuch der Jean-Paul-Gesellschaft 13 (1978)

Sammlung der zeitgenössischen Rezensionen von Jean Pauls Werken, 2. Band. Hg. von KURT WÖLFEL. Jahrbuch der Jean-Paul-Gesellschaft 16 (1981)

Jean Paul im Urteil seiner Kritiker. Dokumente zur Wirkungsgeschichte Jean Pauls in Deutschland. Hg., eingeleitet und kommentiert von PETER SPRENGEL. München 1980

# 6. Biographien und Gesamtdarstellungen

SPAZIER, RICHARD OTTO: Jean Paul Friedrich Richter. Ein biographischer Commentar zu dessen Werken. 5 Bde. Leipzig 1833 (2. Aufl.: 1840)

NERRLICH, PAUL: Jean Paul. Sein Leben und seine Werke. Berlin 1889

HARICH, WALTER: Jean Paul. Leipzig 1925

BEREND, EDUARD: Jean Paul, Dichter 1763–1825. In: Lebensläufe aus Franken. Hg. von ANTON CHROUST. Bd. 3. Würzburg 1927

KOMMERELL, MAX: Jean Paul. Frankfurt a. M. 1933

MARTINI, FRITZ: Jean Paul. 1763–1825. In: Die großen Deutschen. Bd. 2. München 1956

DE BRUYN, GÜNTER: Das Leben des Jean Paul Friedrich Richter. Halle (Saale) 1975 und Frankfurt a. M. 1976

# 7. Zu einzelnen Lebensabschnitten

SCHNEIDER, FERDINAND JOSEF: Jean Pauls Jugend und erstes Auftreten in der Literatur. Berlin 1905

BURSCHELL, FRIEDRICH: Jean Paul. Die Entwicklung eines Dichters. Stuttgart, Berlin und Leipzig 1926

KOMMERELL, MAX: Jean Paul in Weimar. In: Das innere Reich 3 (1936), S. 47 f (auch in: KOMMERELL, Dichterische Welterfahrung. Essays. 1952)

BEREND, EDUARD: Jean Paul der meistgelesene Schriftsteller seiner Zeit? In: Hesperus 22 (1961), S. 4 f

STERN, MARTIN: Jean Paul und Weimar. In: Colloquia Germanica 1967, S. 156 f

HAUSSER, PHILIPP: Jean Paul und Bayreuth. Bayreuth 1969

HAUSSER, PHILIPP: Jean Paul Museum der Stadt Bayreuth. Katalog der ständigen Ausstellung. Bayreuth 1981

# 8. Sekundärliteratur (Auswahl)

MÜLLER, JOSEF: Jean Pauls philosophischer Entwicklungsgang. In: Archiv für Geschichte der Philosophie Bd. 13. Berlin 1900 (S. 200–234, 361–401)

VOLKELT, JOHANNES: Die Kunst des Individualisierens in den Dichtungen Jean Pauls. In: Philosophische Abhandlungen, dem Andenken Rudolf Hayms gewidmet von Freunden und Schülern. Halle 1902

CZERNY, JOHANN: Sterne, Hippel und Jean Paul. In: Forschung zur neueren Literaturgeschichte 27. Berlin 1904

FREYE, KARL: Jean Pauls Flegeljahre. Materialien und Untersuchungen. (Palaestra. Bd. 61) 1907 – Reprint 1967

VOLKELT, JOHANNES: Jean Pauls hohe Menschen. In: VOLKELT, Zwischen Dichtung und Philosophie. Gesammelte Aufsätze. München 1908

BEREND, EDUARD: Jean Pauls Ästhetik. Berlin 1909

DANNEBERG, HANS: Wiederkehrende Motive bei Jean Paul. Diss. phil. Greifswald 1913

ROHDE, RICHARD: Jean Pauls Titan. Untersuchungen über Entstehung, Ideengehalt und Form des Romans. Berlin 1920 (Palaestra Bd. 105)

Heckmann, Wilhelm Georg: Die beiden Fassungen von Jean Pauls «Unsichtbarer Loge». Diss. Giessen 1920

Stern, Lucie: Untersuchungen zu Jean Pauls Titan mit besonderer Berücksichtigung seines Verhältnisses zu Wilhelm Meisters Lehrjahren. Diss. phil. Frankfurt a. M. 1921

Alt, Johannes: Die Entwicklung Jean Pauls von 1780–1790. Diss. phil. München 1922

Scheidt, Erna: Untersuchungen zur Technik des Komischen und zum Humor bei Jean Paul von den Grönländischen Prozessen bis zum Titan. Diss. phil. Heidelberg 1923

Berger, Georg: Die Romane Jean Pauls als Bildungsromane. Diss. phil. Leipzig 1923

Stöckle, Friedrich Karl Eugen: Jean Paus Romantechnik. Diss. phil. München 1924

Jean-Paul-Jahrbuch. Hg. von Eduard Berend. Bd. 1. Berlin 1925

Kommerell, Max: Jean Pauls Verhältnis zu Rousseau. Marburg 1925

Meier, Walther: Jean Paul. Die Anfänge seiner geistigen Bildung. Zürich 1925

Jean-Paul-Blätter. Hg. von der Jean-Paul-Gesellschaft. Jg. 1–19. Bayreuth 1926–1944

Zucker, W.: Der barocke Konflikt Jean Pauls. In: Geist und Welt, Breslau 1927, II, S. 122f

Rehm, Walther: Der Todesgedanke in der deutschen Dichtung vom Mittelalter bis zur Romantik. Halle (Saale) 1928. S. 428–432

Bach, Hans: Jean Pauls Hesperus. Leipzig 1929 (Palaestra Bd. 166)

Hamburger, Käte: Das Todesproblem bei Jean Paul. In: DtVjs 7 (1929), S. 446f

Rasch, Wolfdietrich: Die Freundschaft bei Jean Paul. Breslau und Oppeln 1929

Schreinert, Kurt: Jean Pauls «Siebenkäs». Diss. phil. Berlin 1929

Bertram, Heinrich: Jean Paul als Politiker. Diss. phil. Halle 1932

Böckmann, Paul: Das Formprinzip des Witzes in der Frühzeit der deutschen Aufklärung. In: JbdFDH, Frankfurt a. M. 1932/33, S. 52f

Jacob, Günter: Das Nichts und die Welt. Die metaphysische Frage bei Jean Paul. In: Logos Bd. 21, 1. Tübingen 1932, S. 65f

Kommerell, Max: Der Dichter als Führer in der deutschen Klassik. Frankfurt a. M. o. J.

Petersen, Julius: Jean Paul und die Klassiker. In: JdFDH, Frankfurt a. M. 1929, S. 234f

Mann, Otto: Die kulturgeschichtlichen Grundlagen des Jean Paulschen Humors. In: DtVjs 8 (1930), S. 660f

Meyer, Annelies: Die höfische Lebensform in der Welt Jean Pauls. Berlin 1933

Folwartschny, Helmut: Jean Pauls Persönlichkeit und Weltanschauung nach seinen Briefen. Weimar 1933

Voigt, Günther: Die humoristische Figur bei Jean Paul. Halle (S.) 1934 (Reprint in Jahrbuch der Jean-Paul-Gesellschaft 4 [1969])

Garte, Hansjörg: Kunstform Schauerroman. Morphologische Begriffsbestimmung des Sensationsromans im 18. Jahrhundert. Diss. Leipzig 1935

Schneider, Ferdinand Josef: Tiecks «William Lovell» und Jean Pauls «Titan». In: ZfdtPh 61 (1936), S. 58f

Kacowsky, Walter: Richters «Titan» und Goethes «Wilhelm Meister». Stellung und Einfluß. Diss. phil. Wien 1938

BERGER, KURT: Jean Paul. Der schöpferische Humor. Weimar 1939

MEYER, HERMAN: Der Typus des Sonderlings in der deutschen Literatur. Amsterdam 1943. S. 40 f

EMRICH, BERTHOLD: Jean Pauls Wirkung im Biedermeier. Diss. Tübingen 1948

VILLIGER, HERMANN: Die Welt Jean Pauls, dargestellt an der Sprache des «Hesperus». Diss. phil. Zürich 1949

REHM, WALTHER: Roquairol. Eine Studie zur Geschichte des Bösen. In: Orbis Litterarum 1950 (auch in: REHM, Begegnungen und Probleme. Bern 1955. S. 155 f)

STORZ, LUDWIG: Studien zu Jean Pauls «Clavis Fichtiana». Diss. phil. Zürich 1951

BÖSCHENSTEIN, HERMANN: Jean Paul. In: Deutsche Gefühlskultur. Studien zu ihrer dichterischen Gestaltung. Bd. 1. Bern 1954

BEHREND, MARION: Die Erzählformen in den Romanen Jean Pauls. Diss. phil. Göttingen 1954

HORN, INGE: Die Polarität des Charakters in Jean Pauls «Titan». Diss. phil. Frankfurt a. M. 1954

VORNEFELD, HERMANN: Angst und Enge bei Jean Paul. Ein Beitrag zum Problem der Krise des vorromantischen Lebensgefühls. Diss. phil. Freiburg 1954

KÖPKE, WULF: Das Problem der Wirklichkeit im Spätwerk Jean Pauls. Diss. Freiburg 1955

EHRENZELLER, HANS: Studien zur Romanvorrede von Grimmelshausen bis Jean Paul. Bern 1955

MARKSCHIES, HANS LOTHAR: Zur Form von Jean Pauls «Titan». In: Gestaltung – Umgestaltung. Festschrift zum 75. Geburtstag von H. A. Korff. Hg. von JOACHIM MÜLLER. Leipzig 1957. S. 189 f

MEIER, GÜNTER: Zeit und Augenblick. Das Problem der Welt im Werk Jean Pauls, dargestellt am «Titan». Diss. phil. Hamburg 1960 (2 Bde.)

WOLF, REGINE: Studien zur Struktur von Jean Pauls «Hesperus». Diss. phil. Münster 1959

BÖCKMANN, PAUL: Die humoristische Darstellungsweise Jean Pauls. In: Festgabe für E. Berend. Hg. von H. W. SEIFFERT und B. ZELLER. Weimar 1959. S. 38 f

REHM, WALTHER: Jean Pauls Vergnügtes Notenleben oder Notenmacher und Notenleser. In: Jahrbuch der Deutschen Schillergesellschaft 3 (1959), S. 244 f

RIEGLER, MARIANNE: Studien zum Problem der dichterischen Existenz Jean Pauls. Diss. phil. München 1959

SCHEFFNER, HORST: Rhythmus und Sprache bei Jean Paul. Diss. Tübingen 1960

STAUB, HANS: Jean Pauls «Titan». In: STAUB, Laterna Magica. Studien zum Problem der Innerlichkeit in der Literatur. Zürich 1960. S. 27 f

ENDRES, ELISABETH: Jean Paul. Die Struktur seiner Einbildungskraft. Zürich 1961

RASCH, WOLFDIETRICH: Die Erzählweise Jean Pauls. Metaphernspiele und dissonante Strukturen. München 1961

MICHELSEN, PETER: Laurence Sterne und der deutsche Roman des 18. Jahrhunderts. Göttingen 1962 (Palaestra Bd. 232)

REHM, WALTHER: Jean Paul – Dostojewski. Göttingen und Zürich 1962

HASELBERG, PETER VON: Musivisches Vexierstroh. Jean Paul, ein Jakobiner in Deutschland. In: Zeugnisse. Theodor W. Adorno zum 60. Geburtstag. Hg. von MAX HORKHEIMER. Frankfurt a. M. 1963

MAYER, HANS: Zur deutschen Klassik und Romantik. Pfullingen 1963

MEYER, HERMAN: Jean Paul. Flegeljahre. In: Der deutsche Roman. Hg. von BENNO VON WIESE. Bd. I/1963. S. 211 f

RICHTER, HELMUT: Wege zu Jean Paul. In: Sinn und Form 15 (1963), S. 462 f

THIERSCH, HANS: Die kosmischen Visionen Jean Pauls und die kosmischen Vorstellungen in der deutschen Dichtung des 18. Jahrhunderts. Diss. phil. Göttingen 1963

BRANDI-DOHRN, BEATRIX: Der Einfluß Laurence Sternes auf Jean Paul. Studien zum Problem des dichterischen Einflusses. München 1964

KEITH, HANS: Spiegel und Spiegelung bei Jean Paul. Studien zu Sein und Schein in Persönlichkeit und Werk Jean Pauls. München 1965

MUSCHG, WALTER: Der Zauberer Jean Paul. Studien zur tragischen Literaturgeschichte. Bern 1965. S. 126 f

NEUMANN, PETER HORST: Jean Pauls «Flegeljahre». 1966 (Palaestra Bd. 245)

Jahrbuch der Jean-Paul-Gesellschaft. Hg. von KURT WÖLFEL. Jahrgang 1 (1966) f [Enthält wichtige Aufsätze zu einzelnen Aspekten]

BRUNNER, HORST: Die Insel der Vereinigung. Jean Paul. In: Die poetische Insel. Insel und Inselvorstellungen in der deutschen Literatur. Stuttgart 1967

HARICH, WOLFGANG: Satire und Politik beim jungen Jean Paul. In: Sinn und Form 19 (1967), S. 1482 f

BAUMANN, GERHART: Jean Paul. Zum Verstehensprozeß der Dichtung. Göttingen 1967

RASCH, WOLFDIETRICH: Die Poetik Jean Pauls. In: Die deutsche Romantik. Poetik, Formen und Motive. Hg. von HANS STEFFEN. Göttingen 1967

BÖSCHENSTEIN, BERNHARD: Studien zur Dichtung des Absoluten. Zürich 1968

BÖSCHENSTEIN, BERNHARD: Jean Pauls Romankonzeption. In: Deutsche Romantheorien. Beiträge zu einer historischen Poetik des Romans in Deutschland. Frankfurt a. M.–Bonn 1968. S. 111 f

GANSBERG, MARIE-LUISE: Welt-Verlachung und «das rechte Land». Ein literatursoziologischer Beitrag zu Jean Paul's «Flegeljahren». In: DtVjs 42 (1968), S. 373 f

MILLER, NORBERT: Der empfindsame Erzähler. Untersuchungen an Romananfängen des 18. Jahrhunderts. München 1968

KROGOLL, JOHANNES: Idylle und Idyllik im Werke Jean Pauls. Diss. Hamburg 1968

MÖLLER, GISELA: Phantasie und Humor. Zum Verhältnis von Ästhetik und Dichtung bei Jean Paul. Göttingen 1968

PROFITLICH, ULRICH: Der seelige Leser. Untersuchungen zur Dichtungstheorie Jean Pauls. Bonn 1968

HARICH, WOLFGANG: Jean Pauls Kritik des philosophischen Egoismus. Frankfurt a. M. 1968

WILKENDING, CHRISTA: Jean Pauls Sprachauffassung in ihrem Verhältnis zu seiner Ästhetik. Marburg 1968

BÖCKMANN, PAUL: Die drei Wege des Glücks in den Romanen Jean Pauls. In: Formensprache. Darmstadt 1969

FIEGUTH, GERHARD WOLF: Jean Paul als Aphoristiker. Meisenheim am Glan 1969

POSER, MICHAEL VON: Der abschweifende Erzähler. Rhetorische Tradition und deutscher Roman im 18. Jahrhundert. Bad Homburg 1969

PROFITLICH, ULRICH: Eitelkeit. Eine Untersuchung zum Romanwerk Jean Pauls. Bad Homburg 1969

SOFFKE, GÜNTHER: Jean Pauls Verhältnis zum Buch. Bonn 1969

Bosse, Heinrich: Theorie und Praxis bei Jean Paul. Bonn 1970

Jean Paul. Sonderband Text + Kritik. Hg. von Heinz Ludwig Arnold. München 1970

Vinçon, Hartmut: Innenwelt – Außenwelt bei Jean Paul. München 1970

Schweikert, Uwe: Jean Paul. Stuttgart 1970 (Sammlung Metzler 91)

Schweikert, Uwe: Jean Pauls «Komet». Selbstparodie der Kunst. Stuttgart 1971

Schlaffer, Heinz: Der Bürger als Held. Sozialgeschichtliche Auflösungen literarischer Widersprüche. Frankfurt a. M. 1973

Scholz, Rüdiger: Welt und Form des Romans bei Jean Paul. Bern 1973

Schweikert, Uwe (Hg.): Jean Paul. Wege der Forschung (Band CCCXXXVI). Darmstadt 1974 [Enthält wichtige Aufsätze und dokumentiert die Forschungsgeschichte]

Bade, Heidemarie: Jean Pauls politische Schriften. Tübingen 1974

Harich, Wolfgang: Jean Pauls Revolutionsdichtung. Versuch einer neuen Deutung seiner heroischen Romane. Reinbek 1974

Walser, Martin: Goethe hat ein Programm, Jean Paul eine Existenz. In: Von Goethe lernen? Fragen der Klassikrezeption. Hg. von Hans Christoph Buch. Reinbek 1974

Wölfel, Kurt: Zum Bild der Französischen Revolution im Werk Jean Pauls. In: Deutsche Literatur und Französische Revolution. Sieben Studien. Göttingen 1974

Jean-Paul-Chronik. Daten zu Leben und Werk. Zusammengestellt von Uwe Schweikert, Wilhelm Schmidt-Biggemann und Gabriele Schweikert (Reihe Hanser 199). München–Wien 1975

Pross, Wolfgang: Jean Pauls geschichtliche Stellung. Tübingen 1975

Schmidt-Biggemann, Wilhelm: Maschine und Teufel. Jean Pauls Jugendsatiren nach ihrer Modellgeschichte. Freiburg i. B.–München 1975

Lindner, Burkhardt: Jean Paul. Scheiternde Aufklärung und Autorrolle. Darmstadt 1976

Naumann, Ursula: Predigende Poesie. Zur Bedeutung von Predigt, geistlicher Rede und Predigertum für das Werk Jean Pauls. Nürnberg 1976

Hedinger-Fröhner, Dorothee: Jean Paul. Der utopische Gehalt des «Hesperus». Bonn 1977

Köpke, Wulf: Erfolglosigkeit. Zum Frühwerk Jean Pauls. München 1977

Sprengel, Peter: Innerlichkeit. Jean Paul oder das Leiden an der Gesellschaft. München 1977

Vinçon, Hartmut: Jean Paul ein Klassiker? Bürgertum in der Opposition. Gießen 1978

Vollmann, Rolf: Das Tolle neben dem Schönen. Jean Paul. Ein biographischer Essay. München 1978

Wiethölter, Waltraud: Witzige Illumination. Studien zur Ästhetik Jean Pauls. Tübingen 1979

Campe, Joachim: Der programmatische Roman. Von Wielands «Agathon» zu Jean Pauls «Hesperus». Bonn 1979

Müller, Volker Ulrich: Narrenfreiheit und Selbstbehauptung. Spielräume des Humors im Werk Jean Pauls. Stuttgart 1979

Kiermeier, Joseph: Der Weise auf den Thron! Studien zum Platonismus Jean Pauls. Stuttgart 1980

OEHLENSCHLÄGER, ECKART: Närrische Phantasie. Zum metaphorischen Prozeß bei Jean Paul. Tübingen 1980

ORTHEIL, HANNS-JOSEF: Der poetische Widerstand im Roman. Geschichte und Auslegung des Romans im 17. und 18. Jahrhundert. Königstein/Ts. 1980. S. 246f

VERSCHUREN, HARRY: Jean Pauls «Hesperus» und das zeitgenössische Lesepublikum. Assen 1980

MAURER, PETER: Wunsch und Maske. Eine Untersuchung der Bild- und Motivstruktur von Jean Pauls «Flegeljahren». Göttingen 1981

ORTHEIL, HANNS-JOSEF: Der enzyklopädische Roman Jean Pauls. In: Handbuch des deutschen Romans. Hg. von HELMUT KOOPMANN. Düsseldorf 1983. S. 260f

SCHÖNERT, JÖRG: Der satirische Roman von Wieland bis Jean Paul. In: Handbuch des deutschen Romans. Hg. von HELMUT KOOPMANN. Düsseldorf 1983. S. 204f

## Nachtrag zur Bibliographie

MÜLLER, GÖTZ: Jean Pauls Ästhetik und Naturphilosophie. Tübingen 1983

SCHAER, MICHAEL: Ex negativo. «Dr. Katzenbergers Badereise» als Beitrag Jean Pauls zur ästhetischen Theorie. Göttingen 1983

SÜTTERLIN, CHRISTA: Wasser der Romantik. Eine Studie zu den Raum-Zeit-Bezügen bei Jean Paul und J. M. W. Turner. Frankfurt/M. – Bern – New York 1983

PIETZCKER, CARL: Einführung in die Psychoanalyse des literarischen Kunstwerks am Beispiel von Jean Pauls «Rede des toten Christus». Würzburg 1983

OCH, GUNNAR: Der Körper als Zeichen. Zur Bedeutung des mimisch-gestischen und physiognomischen Ausdrucks im Werk Jean Pauls. Erlangen 1985

BACHMANN, ASTA-MARIA: Das Umschaffen der Wirklichkeit durch den «poetischen Geist». Aspekte der Phantasie und des Phantasierens in Jean Pauls Poesie und Poetik. Frankfurt a. M. – Bern – New York 1986

SCHMITZ-EMANS, MONIKA: Schnupftuchsknoten oder Sternbild. Jean Pauls Ansätze zu einer Theorie der Sprache. Bonn 1986

DECKE-CORNILL, ALBRECHT: Vernichtung und Selbstbehauptung. Eine Untersuchung zur Selbstbewußtseinsproblematik bei Jean Paul. Würzburg 1987

NELL, WERNER: Poetische und historische Synthesis. Jean Pauls Kritik der höfischen Gesellschaft im poetologischen Kontext seiner Romane. Frankfurt a. M. 1987

RANKL, MAXIMILIAN: Jean Paul und die Naturwissenschaft. Frankfurt a. M. 1987

MÜLLER, GÖTZ (Hg.): Jean Paul: Exzerpte. Würzburg 1988

EWERS, HANS-HEINO: Kindheit als poetische Daseinsform. Studien zur Entstehung der romantischen Kindheitsutopien im 18. Jahrhundert. München 1989

BÖCK, DOROTHEA: Jean Paul als ‹geheimer Lehrer›. Aspekte und Probleme der Jean-Paul-Rezeption in der DDR. In: Weimarer Beiträge 36 (1990), S. 52ff

# Namenregister

*Die kursiv gesetzten Zahlen bezeichnen die Abbildungen*

# Über den Autor

Hanns-Josef Ortheil, geboren 1951 in Köln, debütierte 1979 mit dem Roman «Fermer», für den er den ersten «Aspekte»-Literaturpreis erhielt. Auf das viel beachtete Essaybuch über Mozarts Briefe «Mozart – im Innern seiner Sprachen» (1982) folgten die umfangreiche Erzählung «Hecke» (1983) und der Band «Köder, Beute und Schatten. Suchbewegungen» (1985). 1988 erhielt Ortheil ein Villa-Massimo-Stipendium, 1989 den Literaturpreis der Stadt Stuttgart. Weiter sind erschienen: die Romane «Schwerenöter» (1987) und «Agenten» (1989) sowie der Essayband «Schauprozesse. Beiträge zur Kultur der 80er Jahre» (1990).

# Quellennachweis der Abbildungen

Aus: Jean Pauls Sämtliche Werke, hg. v. E. Berend. Ergänzungsband: Jean Pauls Persönlichkeit in Berichten der Zeitgenossen: 6, 12, 13, 90, 98, 113, 118, 119, 126, 132, 135, 136
Aus: Historisch-kritische Ausgabe: Jean Pauls Sämtliche Werke, hg. v. E. Berend, Weimar 1927: 16, 24, 30, 33, 40, 43, 48, 53, 56, 59, 63, 65, 79, 82, 86, 87, 89, 93, 94/95, 96, 101, 112, 122, 124, 125, 129, 130
Aus Georg Schneider/Richard Sattelmaier: Jean Paul, Bildbuch, Würzburg 1963: 14, 21, 22, 23, 120, 133, 137
Aus: Alfred Jericke, Das Goethehaus am Frauenplan, Weimar 1958: 74
Schiller-Nationalmuseum, Weimar: 76, 77, 114, 128
Aus: La Vie de Goethe en image: 28/29
Archiv für Kunst und Geschichte, Berlin: 73 o., 73 u.

**rowohlts monographien**
Begründet von Kurt Kusenberg, herausgegeben von Wolfgang Müller und Uwe Naumann.

Eine Auswahl:

**Thomas Bernhard**
dargestellt von Hans Höller
(504)

**Agatha Christie**
dargestellt von Herbert Kraft
(493)

**Carlo Goldoni**
dargestellt von Hartmut Scheible
(462)

**Franz Kafka**
dargestellt von Klaus Wagenbach
(091)

**Heinar Kipphardt**
dargestellt von Adolf Stock
(364)

**Gotthold Ephraim Lessing**
dargestellt von Wolfgang Drews
(075)

**Jack London**
dargestellt von Thomas Ayck
(244)

**Molière**
dargestellt von Friedrich Hartau
(245)

**Nelly Sachs**
dargestellt von Gabriele Fritsch- Vivié
(496)

**William Shakespeare**
dargestellt von Alan Posener
(551)

**Anna Seghers**
dargestellt von Christiane Zehl Romero
(464)

**Theodor Storm**
dargestellt von Hartmut Vinçon
(186)

**Italo Svevo**
dargestellt von François Bondy und Ragni Maria Gschwend
(459)

**Jules Verne**
dargestellt von Volker Dehs
(358)

**Oscar Wilde**
dargestellt von Peter Funke
(148)

**Stefan Zweig**
dargestellt von Hartmut Müller
(413)